盲點

BLIND SPOTS

Why We Fail to Do What's Right and What to Do about It

哈佛、華頓商學院課程選讀，
為什麼傳統決策會失敗，
而我們可以怎麼做？

麥斯・貝澤曼 Max H. Bazerman
安・E・坦柏倫塞 Ann E. Tenbrunsel
葉妍伶 譯

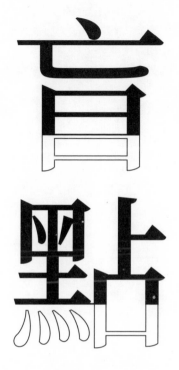

本書獻給戴維·梅席克，
她的想法鼓舞了我們開始研究行為倫理學，
在行為倫理學尚未被命名之前。

推薦序

以覺知克服盲點

李瑞華

本書最重要的立論，是指出傳統的倫理觀和道德教育的錯誤假設。我們以為在面對道德困境時，都能分辨是非且做出有意識的選擇，而忽略了絕大多數不道德的行為是在不知不覺間發生的。而作者提出要強化「道德覺知」，克服「倫理盲點」，才能有效減少不符合倫理道德的行為。

人總是習慣簡單分類，把人分為好人、壞人，把事情分為好事、壞事，以為做壞事的都是壞人，跟自己沒關係。我們要求別人的道德標準往往比對自己的道德標準高。我們相信自己是好人，自以為不會做壞事，因此往往在欠缺「道德覺知」的情況下，受限於「倫理盲點」。事實上我們在無意識中做出不道德行為的機率比有意識、故意犯錯的機率高很多。我們往往沒有覺察到面對的道德挑戰，而在不知不覺中做了錯誤的判斷和選擇。這種無意識的錯誤是很恐怖的，因為沒有感覺，所以不會覺得內疚或羞恥，也因此會一而再地不斷重蹈覆徹。

兩位作者主張強化「道德覺知」以克服「倫理盲點」的立論，與中華文化的道德觀，正好與古今中外的文化大道相通。比如，儒家的先「獨善其身」才能「兼善天下」、先「內聖」才能「外王」、要「誠意正心」及「慎獨」才能明智；又如佛家以「自覺、覺他、覺行圓滿」克服「貪嗔癡」及「我執法執」；道家也強調「知人者智，知己者明」「知足不辱，知止不殆」。沒有覺知，就會因不明而執迷不悟。因欠缺「道德覺知」而受限「倫理盲點」，就會導致無意識的不道德行為，這正是我們重複說一套做一套的原因，也是傳統道德教育無效的緣由。有了覺知，才能做有意識的、明智的選擇，才能修正、糾錯，才能知而行。

本書前七章的篇幅在討論「倫理盲點」，證明我們的行為沒有想像中那樣合乎道德，然後在最後的第八章提出解決的方法。作者主張提升「道德覺知」，察覺自己的行動會產生負面的道德後果，才能調整「想要怎麼做」和「應該怎麼做」的差距，尤其是去察覺「代表理想」和「代表欲望」的兩個自我。這兩個自我跟中華文化的「君子唯義」和「小人唯利」不謀而合。其實世上沒有絕對的君子和小人，當我們有意識地發覺自己心中有一個「代表理想」的君子，還有一個「代表欲望」的小人，經常跟心中的君子和小人溝通相處，多支持君子，多管制小人，我們自然就會表現得更像一個君子。這種覺知會幫助我們認清自己心中的好人和壞人，識別好人也會做壞事，看清世上的壞事絕大部分是好人做的，認識我們也會無意識地做壞事，然後才會在面對道德抉擇時，有意識地分辨「想要」「需要」「能要」「該要」，有意識地選擇符合倫理道德的行為。

希望透過古今中外的融會貫通，有助於讀者閱讀這本很有意思的書，有效地在公私領域，提升自己和彼此的「道德覺知」，減少因「倫理盲點」而不知不覺做了錯誤的判斷和選擇。

（本文作者為政大商學院教授）

註：如果你想進一步探討這個議題，建議閱讀另外三本也同樣探討人性、心理、認知、行為的書：《誰說人是理性的！》《推出你的影響力》《快思慢想》。如果還想跟中華文化進一步連結，可以閱讀《大學》《金剛經》《道德經》。

推薦序

本書是你在快速決策壓力下的最佳保護機制

吳億盼

「因為立志行善由得我，行出來卻由不得我。」

——《羅馬書》七章十八節

幾年前我在哈佛商學院進修的時候，當時大家都看到了許多白領犯罪，像安隆公司、世界通訊公司，還有雷曼兄弟發生的金融危機。同時學校知名教授克雷頓．克里斯汀生的新書《你要如何衡量你的人生？》剛出版，而且獲得許多共鳴。於是，教授們紛紛把「道德」納入他們的講課內容中，要學員們務必記得在職場中保持道德和善良。但是，當時教導談判課程的老師，也是本書作者之一的麥斯．貝澤曼反而提出了很不一樣的看法。他說許多的白領犯罪者其實並不認為自己在做不道德的事，相反地，他們可能還覺得自己的道德標準高過一般人。這不是聰明才智的問題，也並非單純品性差異而已，而是人有許多盲點，會做出一些跟自以為的道德標準不符的行為。當時在一片鼓吹「企業道德」的聲浪中，貝澤曼教授的冷靜格外讓我印象深刻。事實也證明，簽署各種道德聲明等等的做法，並無法有效阻止不道德的事件發生。

為了證明這樣的論點，他先問大家是否覺得自己應該不會做出不道德的判斷？所有人當然都覺得自己算是「好人」。歧視、傷害他人或犯法應該離我們頗為遙遠。於是貝澤曼開始丟出各種情境讓大家選擇。最初眾人還覺得很有趣，後來有些情境開始讓學員們遲疑，深怕自己落入教授的圈套。最後一些情境雖然看似做出合理的選擇，但是當教授說出這些合理選擇背後所產生的矛盾時，才讓我們意識到原來我們與惡的距離，並不如自己想像中遙遠。但也就是因為貝澤曼教授研究這些思考的盲點，他告訴我們既然知道有這些風險，就要提早在制度或抉擇流程中，設計一些避險的方法。而更重要的是，他提醒察覺到自己有盲點，就會更加謹慎，時時保持謙卑的態度。這本書就是在探討這些盲點的來源。舉最簡單的例子——新年新希望，有很多人想達成，但卻是和實際結果有巨大落差，這就可以看出人常常還是過度自信了。其實我們會發現自己或多或少都會碰到這些盲點，差別只在於你是否能夠有意識地認出自己所處的情境，很有意識地跳脫或迴避。因為光是倚靠「道德感」是不足夠的。

這些盲點包括：

- 人對於遠期的虧損比較無感（例如造成氣候變遷的問題）
- 獎賞機制讓我們忽略其他面向（很容易就把道德問題變成商業考量的框架）
- 對間接傷害視而不見（例如生產維繫特殊疾病患者性命藥物的公司，因為此藥品不賺錢而專賣給另一家藥廠，這家藥廠雖把價格提高數倍，但其實仍由原廠商繼續代為生產，只是責任轉嫁了）
- 人習慣從結果衡量道德感（假設傷害有限，感覺就沒有那麼差）
- 身處利害關係中，人很難正確判斷（例如提供稽核服務的公司，形同要調查購買他服務的客戶，立場要完全客觀就很困難了）

作者根據這些觀察，提出許多實用的方式，讓我們做出的決策和心中想要的道德標準較一致。其實很重要的一個精神，就是得先承認人人都有盲點，有意識地退一步，嘗試看到大局，然後在每個決定中，刻意創造出幫助自己保持看見大局的眼光。

在二十一世紀的工作環境當中，資訊量比過往都更加龐大，人跟人之間的關係可能同時存在不同的角色，而組織之間競爭又合作的狀況更加普及。在這一切的因素之下，當有快速決策的壓力時，就必須要有好的保護機制。這就像一輛高速行駛的汽車，上面的駕駛人難免會有盲點。因此加裝了鏡子或鏡頭，希望提供開車者無死角的視野，同時培養自己謹慎的開車習慣，就能夠將意外降到最低。貝澤曼教授的《盲點》，就像是在複雜組織、快速決策中，給予決策者預防盲點的輔助設備。

（本文作者為「讀書e誌」版主）

好評迴響

這本書充滿了對人類行為的洞察，能幫助我們和身處的組織／團體做出更好的決策……本書應該列為進入商界的必讀之作。

——《富比世》書評人沃爾特·帕夫洛

這本迷人的書，提供了一面我們迫切需要的鏡子，客觀地揭露了我們不願面對的倒影。但透過經驗之筆的帶領和真誠的論述，兩位作者提供了詳盡的解方，能夠有力地改變我們從事商業的方式。

——《與成功有約》作者史蒂芬·柯維

想到不道德的行為，我們腦海浮現的是強盜、小偷和安隆集團的執行長、金融詐騙犯馬多夫。但本書談的不只是這些犯罪，而是更大的問題：我們在自認為善良的情況下，所做出的不誠信之舉。這是一本重要的書，讓我們能用客觀的眼光來檢視自己的行為，並正視這些盲點所帶來的問題。

——《誰說人是理性的！》作者丹．艾瑞利

這本書並不是冷酷地分析對錯或所有選擇涉及的代價與取捨，而是帶我們洞悉當自己面對來自股東、上司和同事的壓力，被迫在緊迫的時程之內做決定，且對自己的職涯充滿困惑、工作可能不保的時刻，究竟你是如何決策。

——《衛報》

這本生動的書充滿了具說服力的案例，值得被廣大讀者看見。人類的心智有時會帶我們做出悖離自己道德原則的行為，作者從日漸受到重視的行為道德領域出發，引導我們在個人和專業領域聰明決策。想要打造誠信組織的領導者和政策的制定者，更是必須一讀。

——哈佛法學院教授羅勃．努金

目次
contents

第一章

說一套做一套，到底差多少？

「我也無法解釋，但我知道聖彼得不會認我。」

——酷玩樂團〈生命萬歲、活在當下〉

你覺得和其他閱讀本書的讀者相比，自己多有良心呢？打分數的話，一百分表示你是所有讀者裡操守最好的，零分代表你是所有讀者裡最沒操守的，五十分則顯示你位居中間值，請問你排在哪裡呢？

接下來，不管你屬於哪一個組織，替你的組織評分吧：零分到一百分，你的組織和其他組織相比，道德分數有多高？

你和你的組織表現如何？我們問過很多人，如果你和他們一樣，都應該會把這兩個分數打超過五十分。如果將所有讀者自評的分數合計平均，得出來的數字應該會在七十五分左右。但這是不可能的，因為我們剛剛說過了，平均分數是五十。從分數的差異可以得知有些人高估了自己的道德操守。很可能我們多數人都高估了自己的道德操守。實際上，我們並不曉得，在道德倫理的尺度上，我們自認和真實的情況之間存有落差。

這本書就是要提醒讀者，每個人都有倫理盲點，這樣大家才會意識到這份落差——你想做出符合倫理道德的事，但是未必做得到。此外，清除組織與社會的盲點後，你就可以讓目前所屬的組織更接近你的理想。這樣一來也會幫我們消弭現實與理想社會之間的差距。行為倫理學的研究領域正在蓬勃發展，這門學科就是在研究人類在面對道德倫理的難題時會採取什麼行為，以及背後的原因。我們希望讓你了解自己的倫理盲點，並提出解決辦法。

行為倫理學：用新的角度來理解不道德的行為

下面兩段話都在討論二〇〇八年金融海嘯的原因與責任：

「這次衰退不是因為商業週期裡，景氣本來就存在的起起落落，而是出於人們不負責任的心態與差勁的決策所共同造成劇烈的風暴，橫掃了華爾街、華府與街頭巷尾。」

——前美國總統歐巴馬

「這是系統的錯——銀行在低利率和放鬆管制的環境裡就會創造出這種產品，這不是騙子和壞人胡搞瞎搞惹禍。」

——美國聯邦上訴法院法官理查．波斯納（Richard Posner）

同樣的金融危機，兩位知名的公民各有不同的解釋。第一位怪罪金融體制裡的「壞人」，第二位則責怪壞人所處的體制。誰說得才對？兩個都對——但就算結合了兩人的意見，還是無法完整詮釋此一事件。

這場危機是不是貪心又壞心的人所造成的？當然！如前總統歐巴馬所述，有些只在乎自身利益的人鋌而走險做了非法勾當，釀成金融海嘯，我們應該要把這些罪犯關起來。而是否在這個金融系統註定會發生這種行為？當然！因此，我們的機制、法律和規範都迫切需要改革。就算將這兩人的意見加總起來，能充分解釋金融危機嗎？還是不行！

這兩種分析都忽略了數千個無知卻該罰的人，他們以為自己的行為無害，完全不曉得自身犯了錯：放貸的人僅約略曉得買家可能沒有能力負擔他們想要的房子；設計出不動產抵押貸款證券的分析師不知道這種產品會有漣漪效應；賣這種證券的交易員不清楚這種產品有多複雜；銀行借了太多錢出去；監管機構被遊說團體與投資銀行的政治獻金所影響。這場危機還牽扯到許多人，他們明知別人做了什麼不符倫理的勾當，卻視若無睹，就像《彭博商業周刊》猜測的，他們都以為「一定有更聰明的人知道這是怎麼一回事」。

進入二十一世紀之後，全世界醜聞連環爆，我們因此對許多企業和領袖都失去信心。許多組織和金融機構在壓力下，決定要努力改善並強化內部的倫理行為。他們花了數百萬美元撰寫企業行為準則和重視價值的任務主張，找來了倫理監察員並進行道德訓練，還制定了很多不同的道德倫理與合規管理策略。其他改變則偏向法律規範，像是美國國會通過了《沙賓法案》（Sarbanes-Oxley Act；SOA），明定企業必須以文件記錄各項財務政策與流程、改善財務報告與權責制度、提高製作財務報告的效率，這種種措施都是為了鞏固投資人的信心。紐約證券交易所也修改了規範，加強管理會員。許多企業明定倫理標準，並加強員工溝通，監控員工的行為並訂立罰則。

我們很支持各界在組織內提升道德水準，但這些做法的成果良莠不齊。有一項具備影響力的多元文化專案研究發現：組織想要「做對的事」，所以建立了多元專案，結果卻對組織成員的多元性造成了負面的影響。再說這些做法都不新。以前也出現過類似的改變，為避免大家做出有失倫理道德之事。然而，花大錢做了那麼多，不符合道德倫理的醜聞卻仍層出不窮。

同樣地，全球商學院的倫理課程成長飛快，商學院在評比時也很重視倫理訓練占整體課程的比重。可是這種倫理訓練都很短命，企管碩士班的榮譽制度通常是教育過程的一部分，但在某些研究中已經被證實無法明確提升學生的倫理操守。事實上，阿斯本研究所（Aspen Institute）在二〇〇八年進行調查後，發現企管碩士班學生說他們在學校待得愈久，就愈覺得自己還沒準備好要面對價值衝突。

如果身涉金融危機的每個人都接受過更多的倫理訓練，就能解決金融危機嗎？如果上的是以前和現在的訓練內容，那答案是：不會。道德干預以前沒用，以後也會失敗，因為這種課程或訓練都來自錯誤的假設：一般人碰到道德倫理的困境時，會知道自己身處兩難中。道德倫理的訓練都假設只要強調決策過程中符合道德倫理的元素，高階決策人員就會選擇符合道德倫理的那條路。可是這個常見的假設並不完整，企業高層並不是明確地在道德和利潤中做出取捨。這種課程沒有理解到，當我們面對道德困境時，會不由自主地產生什麼心理反應。

行為倫理學就是想知道人類在實際面對道德困境時會有什麼行為，而行為倫理學的發現讓我們理解為什麼人類明明有道德感，但行為卻相反。我們說一套做一套，有時甚至很偽善。想想看：人類與生俱來就可以在做出相反的行為時，仍堅持自己的信念。道德偽善指的是在同一件違反道德的事情上，自己做和別人做時會給出不同的評價。在一份研究中，參加者分為兩組，他們把一項資源（時間或精力）分配給自己和另一個人，而且可以自行決定公平或不公平地安排。接下來，「負責分配的人」必須要評估自己的行為達到多高的道德水準。

在另一個情境下，參加者看著別人以不公平的方式分配，然後評估別人行為的道德程度。自己分配不公平的人認為這個行為沒什麼問題，但被分配的人覺得很有問題。這種普遍的雙重標準就是自己一套、別人一套，正如我們會說一套做一套。

傳統的倫理觀和訓練方式都不理解我們無意卻可預測的認知模式，就是這種認知造就了不符合倫理道德的行為。相對地，「有限道德感」（bounded ethicality）的研究則是想要理解為什麼連好人都會違背自己的道德觀，做出道德可議的行為，其中究竟有什麼心理變化。有限道德感是指一個人做出的決定會傷害到其他人，但是這個傷害不符合決策者的信念與偏好。如果倫理訓練是要改變決策過程，增加道德感，那就需要融入行為倫理學，特別是要理解我們的道德感如何受到限制與約束。因此，我們就必須理解大腦在碰到道德困境時會有哪些不同的處理方式，造成哪些不同的決策模式。

我們不在乎你是不是有道德感，只是想讓你知道人類有很多盲點，會讓自己看不到實際行為與理想行為之間的差距。本書會提供充足的證據來證實人們經常沒有覺察到自己的道德判斷。我們會探究理想目標與實際行為之間的落差究竟是由哪些固有的心理變化產生的，也會探討組織和政治環境如何讓目標與行為的落差愈來愈大。我們還會提供一些工具，來協助你增加道德決策的分量，讓你更容易自省，更不會受到偏見影響。你可以落實在自己身上，也能實踐於組織裡、社會中。接下來，我們會提供更能有效提升決策道德值的方式，好落實在個人、組織、社會等三個層次。

那你呢？道德感差距對個人的意涵

近期美國記者在調查中表示，他們堅信若是拿多數記者和他們所報導的政治人物相比，記者比較有道德操守。但是，多數政府與企業領袖，包括了國會議員，他們在調查中都相信記者的道德操守沒有比報導對象高。誰才對？儘管根本不可能達到客觀的結論，但許多文獻都記錄了我們評論自己的方式，我們曉得這兩群人都高估了自己的道德操守。

我們來看看另一個問題：前美國總統布希決定出兵伊拉克，這個行為符合道德倫理嗎？剛開戰的時候，美國看似要「贏了」，那時候你會怎麼回答這個問題？政治立場影響答案的程度有多高？多數人都相信自己在評估民選官員的行為時，不容易受到偏見影響。不僅如此，當他們試圖回想自己決策的觀點時，做出決定所導致的結果會影響他們的回憶。我們的偏見和偏好會影響自身如何評估道德困境，然而我們自己卻無法意識到這一點。

到目前為止，我們或許已經讓你知道別人會高估他們的道德操守程度，卻不清楚自己的腦袋怎麼運作。不過，你很可能覺得你和他們不一樣。事實上，你或許很確定自己實際的道德操守程度就和你想的一樣。這要怎麼測試？你可以假設自願參加了一場實驗，而在實驗過程中必須解出很多數學題目。你答對多少題，就可以拿多少獎金。主辦人說這個研究計畫的資金相當充裕，而且在解完之後，可以自己對答案，算自己答對幾題，然後再把答案卷碎掉，只要走出來說出答對幾題，就可以拿走獎金。

你會誠實告訴主辦人自己答對幾題嗎？還是會謊報成績？主辦人絕對無法知道你是否作弊。我們不曉得你到底會不會作弊，但知道很多看似很良善的人都會灌水——灌一點點。和另外一群不能把答案卷碎掉的人相比，可以碎掉的人平均答對的題數比較多。這些人可能是在對答案之後，把自己粗心算錯的那幾題也當成是答對了，或是跟自己說：那題我差點解出來了，只要多幾秒鐘就會答對，那就算答對吧。

如果有一組實驗是在參與者面前擺了大把現金，另一組面前沒有錢，那麼看到錢的參與者就更可能會灌水。他們會跟自己說「主辦單位有很多錢要發，不拿白不拿」，來為自己作弊的行為開脫。許多證據都顯示人們以為自己很誠實，絕對不會作弊，可是如果給他們這種輕鬆容易就能犯規，而且是絕對抓不到的機會，他們還是會

圖1：照片版權屬於羅納德．詹姆士 © 1965 by Ronald C. James

作弊。這些人可能不會在衡量自己的道德水準時，把這種作弊的行為考慮進去，或許他們離開實驗場地的時候，會依然覺得自己很正面。人類說一套與做一套之間的差距和「有限意識」的問題有關。有限意識是一種很普遍的傾向，指大家在定義問題時，會設下自己定義出來的邊界，在決策過程中排除掉重要且相關的資訊。有限意識會導致系統性的失敗，讓人無法看清我們人生或職場中的相關資訊。

請看看圖一。你看到什麼了？現在找一下正在低頭、嗅聞地面的大麥町狗。大部分的人沒辦法第一眼就看到大麥町，可是當你一旦發現，就能很輕易地找到——

事實上，以後你再看到這張圖，就無法忽視大麥町的存在了。這張圖的黑白背景讓我們一開始注意不到那隻大麥町，就像若你置身於以利潤為導向的工作環境裡，就看不到自己的行為有哪些道德倫理的問題一樣。

從大麥町狗的照片中，我們可以看出自己的「意識受限」（boundedly aware）：人類的觀點和決策過程有其限制，但自己卻不知道受到了什麼限制。除了有限意識之外，近期研究發現人類也會受到有限道德感的影響，或者說我們的道德感受到了系統性的限制，我們因而偏重自身的利益，犧牲別人的利益。舉例來說，本書作者安．E．坦柏倫塞的同事曾經說過，她決定不要給小孩打預防針，因為有人說疫苗可能會導致自閉症。安最初表示這位同事絕對有權利這樣做決定，不過也提到對方可能過度重視疫苗的風險，而忽略了疾病的風險。安也提及這位同事或許沒有充分考慮到這個決定會對別人造成什麼影響，有些免疫失調的小孩不能打預防針，而可以打卻沒打預防針的小孩如果把水痘這種常見的疾病傳染給免疫失調的孩子，他們可能因此喪命。幾天之後，安的同事說她決定要重新想想，因為她沒考慮到自己的決定會給其他孩子帶來什麼風險。

關於思維錯誤的心理學研究可以解釋，為什麼家長可能會過分在意疫苗的風險，卻忽視了罹病的風險。有限道德感則進一步解釋，家長為何會絲毫沒意識到做出的決定違背了自己的道德標準，且危及其他小孩的性命。我們稍後會探討這種心理傾向如何產生了無意造成的不道德行為。

哲學家彼得．辛格（Peter Singer）在著作《你能拯救的人：現在就採取行動來終結貧窮》（*The Life You Can Save: Acting Now to End World Poverty*）中，提供了許多資料來證實我們的有限意識如何限制了自己的公益付出，甚至讓我們不願意思考許多道德問題。他一開頭就先提出這個問題：

> 你出門上班，途中經過了一個小池塘。很多小朋友夏天都會在池塘裡玩，這裡的水深及膝。今天天氣有點涼，此時還很早，你卻意外看見一個小孩正在池塘裡潑水。仔細一看，你發現那孩子很年幼，大概才剛會走路。他載浮載沉，沒辦法自己站起來或離開池塘，附近也沒有家長或保母。那孩子的頭抬不起來，一直往水下沉。如果你不衝過去拉他一

把，他就要溺水了。衝進池塘並不難，對你來說也沒有危險，可是你前幾天才買的新鞋就毀了，而且西裝也會沾滿泥巴。等你把小孩交到監護人手上，換好衣服後，上班就遲到了。你該怎麼做？

辛格說大部分的人都覺得這題很簡單。顯然，大家都應該跳下去救那個孩子，如果不這麼做，就是道德淪喪。辛格接著又描述住在非洲迦納國家裡的人所碰到的挑戰：

今天上午，有個小男孩死了。他死於麻疹。我們都知道醫院可以治好麻疹，可是他爸媽沒有錢，所以小男孩受盡折磨、慢慢嚥氣，奪命的不是麻疹而是貧窮。這種事情每天會發生兩萬七千次。很多孩子死於沒有食物可以吃，更多孩子像這個住在迦納的小男孩一樣，死於麻疹、瘧疾、腹瀉、肺炎和其他發展國家沒有的疾病，或者就算這些國家裡有這種疾病，也不會致命。疾病在這裡之所以會致命，是因為孩子沒有安全的飲水、衛生設備，因為他們一旦生病，家長無法負擔任何醫療費用。

聯合國兒童基金會、牛津飢荒救濟委員會和許多組織都在努力消弭貧窮、提供乾淨的飲水和基本的保健設備，這些單位確實小有成就。如果這些救濟組織有更多錢，他們就能做更多，就能拯救更多生命。

當然有人覺得這兩則故事無法相比，不過多數人在讀到第二則故事的時候會覺得不安（我們確實會）。其實這兩種情境很相似，只有一點不同。在第一個場景裡，你很清楚地知道自己如果說一套做一套，會引發什麼天差地遠的結果。你應該救那個小孩，因為如果你不救他，顯然過不了自己良心的那一關。在第二種場景裡，你牢牢地戴著道德眼罩。多數人若知道他們今天因為沒有給出一筆小錢，導致有個孩子喪生，都會覺得有點遺憾，可是我們每天都這樣過日子。本書將探討造成這些盲點的心理學傾向，並提供移除盲點的建議。

我們可以看看另一個例子，策畫出龐氏騙局的伯納．馬多夫（Bernard Madoff）在過去三十多年來已造成了巨額損失：超過一萬五千份理賠，損失高達三億美元，這起詐騙案獲利估計達六百四十八億美元。馬多夫透過連結基金賣掉他的投資，投資人透過連結基金去投資另一筆基金或外國投資。事實上，這些連結基金只是在幫馬多夫吸金。這些中間人的待遇很好，除了服務費之外，酬庸高達獲利的二〇%。因此，馬多夫聲稱他的績效表現優越，連結基金也賺了不少錢。

現在我們都知道馬多夫是個騙子，這本書把重點放在人們無意間做出的不道德行為，因此不討論馬多夫刻意的欺騙行為。不過，我們對於其他人造成的傷害很感興趣，那些人原本無意傷害龐氏騙局的受害者。很多分析師現在都認為從統計數字來看，不可能有一筆基金的績效可以遠勝過市場上所有商品，馬多夫也辦不到。那些連結基金的經理人知道馬多夫在策動龐氏騙局嗎？還是他們單純沒提醒投資人說，不可能有這種績效和穩定獲利的方式？各種充分的證據都顯示出許多連結基金暗示過這件事情不太對勁，可是他們卻沒有足夠的動機去正視當時已經能取得的證據。舉例來說，德拉維耶伊謝（Rene-Thierry Magon de la Villehuchet）是歐洲貴族後裔，也是對沖基金AIA Group的執行長，他不但拿自己的錢和家族的錢來投資馬多夫，旗下還有許多富裕的歐洲客戶，他也把客戶的錢都拿來投資馬多夫了。他持續收到關於馬多夫的警告，也獲得充分的證據可以看出這種報酬不合理，可是卻視若無睹。馬多夫自首後兩週，德拉維耶伊謝就在紐約辦公室裡自殺了。

最後提供一個心理盲點影響我們的例子。斯坦利．米爾格蘭（Stanley Milgram）在心理學最著名的實驗中，讓我們看到人們為了服從權威而能昧著良心到什麼程度。在米爾格蘭的研究中，每一位受試者都要當「老師」，而經過訓練的助教則扮演「學生」。根據描述，這位學生是個四十七歲的會計師。實驗時老師和學生分開，所以看不到學生。實驗單位跟老師說，學生要回答許多問題，老師面前有一列十五到四百五十伏特的開關，答錯的話老師就要電擊學生，電擊強度隨著錯誤次數提高。

學生若答錯，老師就要按下電擊開關。若不到一百五十伏特，老師就會聽到隔壁時不時傳來叫聲。（學生沒有真的被電擊，那是演員。）電壓高到一百五十伏特時，學生就會大叫說要終止實驗，還會發出痛叫。如果老師想停下來，實驗單位就會堅持老師要繼續下去。從一百五十伏特到三百伏特，老師會聽到學生拜託老師放他走，或是說心臟受不了。到了三百伏特，學生會搥牆壁，拜託老師放他走。超過三百伏特，學生就安靜了。

米爾格蘭訪問過精神病學家、研究所學生、行為科學教職員、大學生和中產階級的成人，問他們認為擔任老師的受試者在研究中會有什麼反應。不管是哪一種類型的人，他們都認為所有的老師在四百五十伏特之前就會停下來，不再電擊學生了。根據精神病學家的預測，幾乎所有的老師都不會超過一百五十伏特。只有千分之一的受試者會一路按到四百五十伏特。事實上，當真正進行實驗時，六五％的老師都一路按到了四百五十伏特。這些另人震撼的實驗結果顯示出我們的道德行為和自身觀點差距很大。儘管老師在實驗中看得出來很難過或生氣，可是他們還是服從了權威。

米爾格蘭的研究後來被重複實驗了很多遍，實驗對象超過一千人。我們目前已無法進行同樣的實驗了，因為現在對於實驗受試者的規定變得比較嚴格，不過近期內有個相似的實驗發現，當代七〇％的受試者都願意按到至少一百五十伏特。此外，在二〇一〇年，有個法國紀錄片的製作人，邀請大家參與競賽型電視節目「死亡遊戲」首集預錄。參與者並不曉得這個節目是假的。在節目開始之前，八十名參與者都簽下合約，同意電擊其他參賽者。攝影機開著，節目主持人又不斷慫恿、煽動，八十人中有六十四人都對節目中的人（其實是演員）施加電擊，強度高到那人看起來瀕臨死亡。錄完之後，有個參與者說她一直遵守遊戲規則，儘管她的祖父母就是曾經歷過大屠殺的猶太人。派特．維亨（Pat Werhane）、蘿拉．哈特曼（Laura Hartman）、布丹．帕馬（Budhan Parmar）、丹尼斯．莫柏格（Dennis Moberg）重新思考了米爾格蘭的研究，他們的觀點和我們在這本書中的視角一樣。

這個團隊不認為是研究受試者刻意決定要冒著傷害學生的風險來幫助實驗單位，他們主張老師在這個實驗中的心智模型並不完整，他們過於重視實驗單位的指示，沒發現自己進入了道德兩難的困境中。

我們希望讓你看到自己的道德感差距，讓你知道是哪些心理上的認知流程創造出了盲點。更重要的是，我們還找出了有效的策略，讓你能注意到心理上的認知流程，進而能預期自己的衝動，理解衝動所帶來的影響，並且準確地評估過去的行為，從中汲取心得。當我們拿掉眼罩，你就能在深刻反省之後學會做出對的事。

那你所屬的組織呢？道德感差距對組織的意義

每個人的道德觀和實際行為之間都有落差，而組織裡這些人的道德感差距加總在一起，就可能導致巨大的災難。最嚇人的例子就是一九八六年挑戰者號太空梭爆炸案。太空梭炸毀之後進行了廣泛的分析，歸結出原因是其中一個固體火箭推進器的O型環在低溫下無法密封，導致氣體外洩。

一九八六年一月二十七日，太空梭發射的前一夜，美國太空總署與太空梭承包商莫頓賽奧科公司的工程師與主管一起討論挑戰者號在低溫下發射升空安不安全。這個專案之前發射過二十四次，有七次發現了O型環的問題。這時，在嚴峻的時間壓力下，莫頓賽奧科公司的工程師趕出了一份報告，建議主管和太空總署的人不要在低溫下發射太空梭，並認為低溫和過去的O型環問題之間有關連。

莫頓賽奧科公司的工程師羅傑·波薛力（Roger Boisjoly）參與了那場會議，據他所述：太空總署的人聽到工程師建議不要發射太空梭之後，反應中帶著敵意。莫頓賽奧科公司的主管看到了太空總署的負面反應便要求私下討論。「太空總署的主管賴瑞·馬洛伊（Larry Mulloy）才要說結論，莫頓賽奧科的主管喬·基爾明斯特（Joe Kilminster）就要求給我們五分鐘私下重新評估資料，他才一按靜音鍵，我們的總經理傑瑞·梅森（Jerry Mason）就小聲說『我們必須要做出管理決策』。」

波薛力氣惱地寫下，莫頓賽奧科公司的私下會議中，「管理階層裡沒有人想要討論事實」。在他的觀念裡，他的主管只想要取悅客戶，也就是太空總署，而客戶認為莫頓賽奧科公司想證明太空梭發射不安全，但基於服務客戶的立場，應該是想想什麼條件下可以安全發射。「我們的主管很努力地想要列出許多資料，來支持發射，」波薛力表示，「但對他們來說，很可惜的是資料和數據都支持暫停發射。」莫頓賽奧科公司在場的四位高階主管在不顧自家工程師的反對下，投票建議太空總署維持原案發射。他們把建議交給太空總署之後，對方很快就接受了發射的建議。

或許在這個案例中最驚人的部分是，工程師希望理解低溫和O型環失效是否相關時所分析的資料與數據。太空總署和莫頓賽奧科公司的工程師懷疑溫度的影響，是因為O型環失效的那七次裡面都發現低溫的狀況。關於O型環，兩邊的工程師都沒有觀察到明確的模式。他們都是經驗豐富的工程師，也受過嚴謹的分析訓練。他們絕對知道若要找出室外溫度和引擎故障有無關連，就應該檢查在發生問題和沒發生問題的情況下，溫度分別是多少，可是太空總署和莫頓賽奧科公司都沒有人問起那十七次O型環沒故障時，究竟溫度是幾度。在檢查所有的數據之後，發現溫度和O型環的功能有明確的因果關係，而挑戰者號失敗的機率高達九九％。但因為工程師被自己的思維拘束了，他們只看了一部分現有的數據，沒注意到溫度與O型環功能間的關連。

太空總署和莫頓賽奧科公司的工程師只注意到眼前的數據，結果立意良善的人犯下了錯誤，導致七名太空人喪生，航太計畫遭受劇烈打擊。決策人員常會因為只看眼前的數據來進行分析而犯下錯誤，他們應該要找出最能回答問題的數據和資料。這些決策人員的問題在於自身的「有限道德感」：他們急著拿手邊現有的資訊往前進，沒有先問問什麼資料才能回答目前的問題，這個決定又會對其他情況或其他人造成什麼影響。

組織的道德感差距大過個人道德感差距的總和。團隊工作是組織的基石，而團隊工作會創造出更多道德感差距。想法相近的團隊為求立場一致，容易忽略要以現實的角度評估備案，這種團隊思維讓大家不會去挑戰可疑的決定，就像太空總署決定要發射挑戰者號一樣。

此外，部門的界線也會讓人無法從道德倫理的角度來看待問題。組織內部通常會把決策拆分給不同的團隊，或是把一個決策的不同方向交給不同的部門來思考，導致許多典型的道德困境被看成是工程問題、行銷問題或財務問題，就算這其中明顯牽涉到其他團隊的道德感也一樣。據稱，莫頓賽奧科公司的總經理梅森認為發射挑戰者號是一個「管理問題」，這個觀點讓他和其他人在發射前的最後一場會議中，淡化了此問題的道德考量，就好像他們完全忽略了自己的決定攸關別人的性命。員工做出看似無害的決定，是因為道德問題的分量被淡化，他們因此沒有意識到自己的決策對別人有哪些影響。只有在移除部門間的界線後，才能清楚看到每個決策的道德影響力。當員工理解為什麼道德問題的分量被淡化的原因之後，就能發現哪些威力強大卻又危險的無名價值觀影響了他們的行為，從而有效找出組織裡的「污水坑」。

那社會呢？道德感差距對社會的意義

在社會裡，政策或許是我們最重要的決策。不過，在這個領域裡，在我們不知不覺中，盲點經常扮演強大又失能的角色。器官捐贈就是個很好的例子。以下引自作者麥斯和同事所提出的問題：

你認為那個做法比較好？

甲：如果你意外喪生，你的心臟和其他器官會用來拯救別人。此外，如果你需要器官捐贈，你有九〇％的機會可以獲贈器官進行移植。

乙：如果你意外喪生，你的心臟和其他器官都會完整保留在體內一同埋葬。此外，如果你需要器官捐贈，你有四五％的機會可以獲贈器官進行移植。

多數人靠直覺反應都會覺得甲案比較好。器官捐贈是好事，美國器官捐贈系統若改成接近甲案的做法，一年光是在美國境內就可以拯救近六千人的性命——這個數字是九一一攻擊事件喪生人數的兩倍。不過，美國的器官捐贈政策現在還是比較接近乙案。為什麼？在美國，如果你死於意外，生前沒有對於器官捐贈明確表態，那你的所有器官都會完整留在體內一同入土或火化。如果你想要捐出器官，就必須要主動在捐贈系統中表態（通常是在更新駕照的時候）。相對地，在許多歐洲國家，如果你沒有明確表態放棄，意外發生時醫護人員就會為你捐出器官。在這些國家，你必須要主動表態，讓系統知道你往生後要保留所有器官。

不管是哪一個方案，你都可以選擇，只要願意停下來想一想，根據自己的意志決定。兩種系統只是預設選項不同。要求民眾表態捐出的國家創造出乙案，要求民眾表態不捐的國家設計出甲案。

如圖二所示。預設選項不同，器官捐贈的比例就天差地遠。美國呢？美國人的器官捐贈同意比例是四四％——和其他要求民眾表態捐出的國家相比算不錯，但如果引導民眾稍微調整心態，成效還可以好很多。（如果你很好奇為什麼在要求民眾表態不捐的國家裡，瑞典的器官捐贈同意比例低很多，那是因為瑞典政府給了死者家屬拒絕捐贈的機會。）

只要換句話說，美國一年就可以多挽回六千人的性命，這例子很尖銳地說明了人類社會如何創造、堅持盲點。當然有些好人是因為宗教等理由而反對器官捐贈，然而我們的重點在於有更多公民與領袖在思考後認為甲案比較好，可是卻依然什麼都不做，任由這個國家繼續採取乙案。我們投身社會，大家都希望每個人和代表我們的組織都能做出有道德感的行為，可是做決策、影響社會的那些人和組織，往往不曉得有

圖2：歐洲國家器官捐贈的比例

引用自：E. J. Johnson and D. Goldstein（2003）, "Do Defaults Save Lives?" *Science* 302: 1338-39. Reprinted with permission from AAAS.

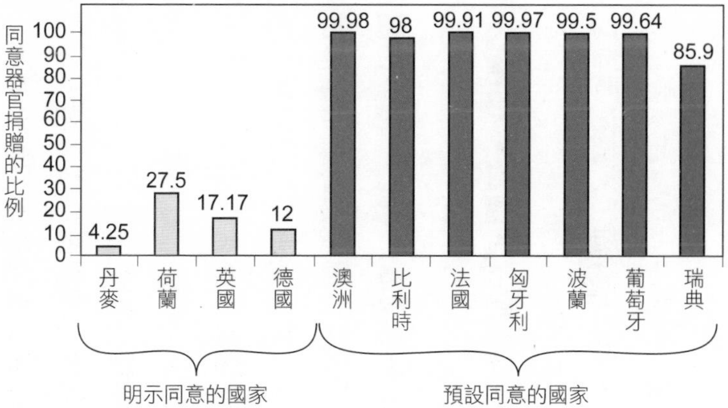

哪些盲點會遮蔽他們的道德感。

以美國最高法院大法官安東寧．史卡利亞（Antonin Scalia）為例，二〇〇四年三月，美國歷史最悠久、規模最龐大的草根環境組織「塞拉俱樂部」提出動議，要求史卡利亞大法官自行退出錢尼與美國地方法院的訴訟案，因為史卡利亞大法官曾經在二〇〇四年一月和前副總統錢尼一起在路易斯安那州獵鴨。最高法院同意召開聽證會，思考是否強制副總統錢尼提供資訊，了解布希政府在制定環境策略的時候，他所帶領的工作小組在執行什麼任務。塞拉俱樂部明確表示史卡利亞和錢尼的友誼會讓他無法客觀審案，但史卡利亞拒絕退出；他堅持自己和副總統的友誼不會影響判斷，也沒有違反最高法院關於利益衝突的規範。「如果覺得最高法院的法官能夠輕易地被收買，而且認為這種事情很合理，」史卡利亞評論道：「那這個國家的問題比我想像的嚴重。」

從史卡利亞的評論看得出來，儘管利益衝突的心理影響非常清楚明確、不須懷疑，他卻不曉得或不相信。除了他的無知外，讓人更苦惱的是，最高法院的規範和其他要避免利益衝突的法條一樣都只針對刻意的貪腐行為，但多數的貪腐與不道德行為都是無意間發生的。這都是因為有限的道德感使然，或是「道德褪色」導致我們淡化了道德問題的分量。因此，這種防治刻意貪腐的法律經常無法保護社會。

有限道德感：對個人、組織、社會的影響

當我們同時從個人、組織、社會這三個層次來觀察時，會發現忽視道德感差距的影響就會加總在一起。我們來看看這個例子：

假設你現在五十五歲，發現自己罹患癌症，目前還是初期。你調查了所有可用的療程，諮詢了三位不同領域的權威醫師，很快就發現自己面臨了人生中最重要的決定。外科醫師建議你動手術移除腫瘤。放射科醫師認為你應該用放射療法消滅腫瘤。順勢療法的醫師相信你應該少用侵入式療法，花點時間觀察腫瘤的發展。三位知名的醫師怎麼會提出完全不同的建議？

英特爾前任總裁安迪．葛洛夫（Andy Grove）在《葛洛夫自傳：橫渡生命湖》就寫到了這件事，他在一九九五年被診斷出攝護腺癌。葛洛夫擁有充足的金錢和資源可以找到最好的療法。三種療法都可行，他和頂尖的醫師開會討論，每位醫師都強烈建議由他們來親自為葛洛夫治療。

這個狀況的核心就是個道德兩難的困境。每位醫師可能都在想著要怎麼給病患最好的療程，卻沒有看到這個問題的道德面。同時間，每位醫生也都根據自己的經驗來提供建議，因此各有自己的本位偏見。這個困境並不是醫生為了搶生意而對病患撒謊。顯然，醫師都深信自己的建議最好。他們在治療同一種病，但各自都相信自己推薦的療程最好，沒發現自己的信念被本位主義所左右。換句話說，他們沒發現自己進入了道德兩難的困境：要向病患推薦他們的療程仍舊是最好的療程。他們沒意識到自己所受的訓練、動機和偏好都會讓他們無法提出客觀的建議。

利益衝突已經受到醫療社群的注意，在華府，愛荷華州的共和黨參議員查克·葛拉斯里（Senator Charles Grassley）譴責醫學院和其他組織忽視這個議題。目前的系統其實給了醫師一些財務誘因，導致有些醫生開的藥不見得最適合病患。不過，多數聰明且接受良好教育的醫師都不懂何以遭致如此多的批評，因為他們對自己的道德水準很有信心，也相信自己總是把病患的利益擺在第一位——他們覺得這是「事實」。醫生和其他領域的專業人士一樣，如史卡利亞大法官，他們都視利益衝突來自邪念，若他們沒有惡意就不會偏頗、不會有問題。許多完整的研究都證實了當人們有既得利益，會用特定角度來看待問題的時候，他們就再也無法保持客觀了，這是利益衝突危害最大之處。多數醫師就和多數人一樣，會受到利益衝突的影響，做出偏誤的療程決策，而且還不知道自己的決策有哪些道德後果。他們打從內心相信自己最重視病患的權益。

為什麼我們的社會竟持續容忍這麼多利益衝突出現在許多生死攸關的領域裡？不管是貧窮、遊民或青少年懷孕等社會議題，多數人都想要找到一個終極的理由。芝加哥大學的安．麥吉爾教授（Ann McGill）說，這種認知偏見最極端的例子，就是永遠都有人在爭論到底青少年懷孕的現象是因為青少年行為輕浮或缺乏避孕工具，但其實答案很明顯，兩者皆是。同樣地，道德兩難的困境也沒有一個根本的原因，我們心理認知的盲點來自個人、組織和社會三個不同的層面。

對個人來說，如我們所述，心理認知的過程會左右我們的決策——而且更重要的是，我們還不知道自己的決策有所偏頗。

對組織來說，企業領袖往往沒發現有限道德感影響了員工的決策。此外，他們還相信員工的操守，相信員工和組織不會失去良心。但是很多劣行會發生是因為人心非常複雜難解，不是因為他們不道德。要設計出更有智慧的規範方式，領導者必須考量到他們目前的環境是否有可能讓決策者在不知不覺中做出失德的行為。

對社會來說，當個人和組織無法解決上述問題時，聯邦政府就必須解決問題。若政府無法處理個人、組織和產業的有限道德感，那就沒辦法找到有效的解決方案。不管在哪個產業，心理認知程序都會造成道德褪色，讓人類淡化道德問題的分量，並導致有限道德感的出現，這一定要考量進去。所以我們必須要改變社會的預設選項，強化出我們所要取捨的價值。我們要轉移眾人的注意力，關心未來。

以後會如何？

本章刻意不定義「道德倫理」，也不區分道德與倫理。你會在書中其他部分找到定義。我們不會主張自己掌握了道德的真理，也無意要改變你的認知來建立共識。我們不是要提出自己的觀點來闡述什麼是符合道德倫理的行為，我們比較想要透過這本書讓大家看到為什麼人類的行為有時會與自己的價值觀相悖。

我們也無意約束醫師或任何專家的建議。若要提醒受過訓練的專業人士，讓他們知道自己的決策應該基於病患、客戶、選民的最佳利益，而不是自己的財務誘因，這實在是把問題想得太簡單了。我們的目標是要說服所有人——包括醫師、執行長、會計師、顧問、政治人物和所有的公民——每個人都會受到盲點影響，導致他們無法達到自己的道德標準。我們多數人在大部分時候都能夠做出符合道德倫理的行為。有些時候，我們做出了不道德的行為，而自己也心知肚明。這本書把重點放在比較危險的情境裡：有時候我們無意做出了不道德的行為。第二章會介紹目前關於倫理思想的理論。第三章會提醒各位有限道德感的影響，還有我們自己如何限制了道德行為。第四章會讓大家看到淡化道德感的陷阱。第五章則會提出許多證據，來讓讀者理解道德眼罩如何讓我們看不到自己或旁人的道德感差距。第六章和第七章，我們會討論組織與政府如何讓不道德的行為問題更嚴重。最後在第八章，我們會做出結論，提供個人、組織和社會不同的建議，來消除盲點，在人生過程中看清道德兩難的困境。

第二章

為什麼傳統的道德決策方式救不了你？

想像你站在天橋上，橋下有火車軌道。你看到電車失控了，即將要撞死五個人。你旁邊有個鐵道工人，他背著一個大包包，就在電車和那五個人中間。你很快就發現要救那五個人，你只能把這個工人推到橋下，讓他落到鐵軌上。工人必死無疑，但他的身軀能擋下電車，車就不會撞到前方的五個人。（你很快就發現自己跳下去也沒用，因為重量不夠，沒辦法阻擋電車，而且你也沒時間把工人的背包搶過來自己背。）如果不要管法律問題，你犧牲這個陌生人的生命去救那五個人，這是道德行為嗎？

這個知名的哲學問題稱為「天橋難題」，通常用來對比兩種道德決策的方式：結果論或義務論。若你重視因果，就是用結果來判斷這個行動的道德值。功利主義就是一種常見的結果論主義，目的就是要做出「對最多人最好的事」。德國哲學家康德提出了另一個很不同的倫理思維，他稱為義務論，他認為要判別一個行動是否道德就要看這個行動是否符合規範、遵守責任。康德表示要判定行為的對錯，就要考量到這個行動是否顧及權利與社會責任。從康德的觀點來看，把人從天橋推下去侵犯了那個人的權利，所以不道德。

確實，多數人讀到天橋難題的時候都不相信一命換五命能在道德上站得住腳。若從義務論的觀點來看，他們就要自問是否有權利把別人推下橋？如果你問大家為什麼他們反對把別人推下去，常見的回答是：「那是謀殺！」「那太不擇手段了！」或「每個人都有自己的權利！」相對地，功利主義者就會把每個選擇的利弊都計算一番，所以在這個例子裡就會用一個人的生命去拯救五個人。

現在，讓我們來想想天橋難題前發生的另一個「電車難題」：失控的電車朝著五個鐵道工人衝過去，如果電車一路向前急駛，就會撞死這五人。要救這五個人，就必須切換軌道，讓電車改走另一條只有一個人的軌道。如果不考慮法律後果，你按下開關切換軌道，就能犧牲一人、拯救五人，在道德上你能接受這種行為嗎？

多數沒有碰過天橋難題的人，若遇到了電車難題都會說：就道德判斷來說，他們會允許自己切換軌道。如果你問他們為什麼，大家的解釋通常會著重於死了五個人比較嚴重。這是很典型的功利主義思維，因為他們更重視行動的結果。

當接觸過兩種難題之後，他們在電車難題中可能會選擇切換軌道，可是身陷天橋難題時卻不會把人推下橋，這樣不一致的行為讓他們覺得很困擾。這些人通常在面對天橋難題的時候可以憑直覺做出決定，稍後碰到電車難題之後，就會用功利主義的方式來重新思考。如這兩個案例所示，我們有時候會用前例的思維原則來下判斷，不過，我們應用這些準則的方式並不一致，如果多想想，或許我們會違背自己的判斷與決定。

我們不在意你是功利主義者或道義主義者，或者你也不會讀完這本書。你可以自由抒發，若碰到了天橋難題或電車難題的話會怎麼做。我的目標只是要提醒讀者，大家都會想一套、做一套——我們特別想提醒讀者這兩者之間的落差，畢竟傳統道德思維都忽略了這個差距。

倫理學家可以提升我們的道德觀嗎？

安隆公司和其他組織瓦解之後，專業的學校和企業都更認真地看待道德議題。社會要求組織提高操守，所以我們就來看看傳統的道德倫理分析能不能提出可靠的解決方案。這個過程中，邏輯的第一步就是檢視倫理學家有什麼想法。在哲學的領域，倫理向來是從規範的觀點來研究——也就是說，倫理學想找出道德正確的行動方案。這個觀點會問：「人們應該有什麼行為？」舉例來說，哲學家會思考想要解決天橋難題，究竟功利主義的方法或義務論的方法比較好。當代哲學家認為哲學思考是道德教育的核心，會讓我們成為更好的公民，也會讓我們獲得勇氣，願意為正義挺身而出。

不過，身為法官與法律學者的波斯納認為沒有實證證據支持這種主張。加州大學河濱分校的哲學教授艾瑞克．史瓦茲蓋伯（Eric Schwitzgebel）則指出，事實上倫理學家自己就是完美的範例，可以測試出傳統規範型的倫理訓練能不能創造出更符合倫理道德的行為。因為倫理學家畢生都在研究道德倫理並從事教學，理當比我們的操守更高。

可是，史瓦茲蓋伯教授在研究中發現，如果道德感等於「不偷竊」，那麼從某些尺度來看，倫理學家的分數並不高。史瓦茲蓋伯教授調查了三十一所頂尖的英國與美國學術圖書館，比較了倫理學相關書籍失竊率和哲學區非倫理學書籍的失竊率，並且依書本新舊和熱門的程度來分析。他發現倫理學相關書籍較容易不見。接下來，他發現較為晦澀難解的哲學書籍只有深入鑽研的學生和教授會借。在這些書籍中，他發現哲學書籍區裡面，倫理書不見的機率比非倫理書高了五〇%至一五〇%。

史瓦茲蓋伯教授也研究了倫理學家會不會從事比較有利於社會的行為，像是投票或不吃肉。他比較了哲學倫理學家和其他的哲學家，也和其他科系的教授相比，然後發現倫理學家可能會譴責吃葷，但是他們自己也吃肉。在其他脈絡下，研究員發現傳統道德倫理訓練不會創造出道德感比較高的公民。史瓦茲蓋伯教授的結論是他的研究破除了普遍的迷思——上倫理課不會讓學生未來有更好的操守。

就算是專業的哲學家，面對倫理學家的道德行為時，意見也很分歧。美國哲學學會在二〇〇七年四月召開會議時進行了一項調查，發現儘管基本上少數人（特別是倫理學家）認為和相同社會背景的非倫理學家相比，平均來說倫理學家的行為有較高的道德操守，但多數人則表示倫理學家的行為沒有比較好。

很訝異嗎？如果想想哲學這門學科面對倫理的重點和其所預設的立場，那你可能不會很驚訝。標準規範型的倫理學家奠基於重視我們「應該」要怎麼做的哲學傳統，而且在回答這類問題時已經累積了長足的進展。不過，卻很少檢視人們「真實的行為」，也不太關心要怎麼讓眾人的行為更符合道德倫理——我們需要這些知識才能理解、改善哲學家的行為，並且了解過去這十年出現的道德與經濟危機。我們會在後續的章節闡明「我們認為自己應該有什麼行為」和「我們想要做什麼行為」是兩碼子事。我們或許以為自己的行為會符合自身所持的觀點，但是到了做決策的時刻，我們通常想怎樣就怎樣。

傳統倫理觀的限制

倫理學者無法完整面對倫理問題的顧慮，還有另一個障礙，那就是他們認為決策者的道德意圖很關鍵。多數道德倫理觀都認為大家若碰到道德困境就能辨別，並且有意識地去面對。相對地，有限道德感的研究則檢視了我們不是故意做出的不道德行為。睿斯特（J. R. Rest）介紹了道德決策的模式，且對後世有深遠的影響。他認為每個人面對道德決策的時候會經歷這四個階段：

道德覺知→道德判斷→道德意圖→道德行動

在理解道德決策的時候，道德覺知、判斷、意圖、行動確實都是很重要的因素。不過這個模型並不完整，而且很容易讓人誤會。這個模型假設了：（一）決策需要帶著覺知，才會產生道德影響；（二）人靠推理就能決定要怎麼判斷；（三）人需要有道德意圖才能理解自己的道德行動。這些假設在傳統的倫理觀和倫理訓練課裡都沒有言明，也忽略了反證。如此一來，在這個模型下，我們會忽略決策和判斷過程中，導致不道德行為的關鍵因素。我們會在下一節解釋，那些教我們要更有操守的人都忽略了很多時候我們缺乏道德覺知，且會在講道理之前就先下判斷或是誤判道德意圖。

當我們缺乏道德覺知

假設你是個業務員，沒有底薪，完全靠獎金抽成，也就是所有收入都來自業績。主管替你設定了很高的目標，而你一心想要完成目標。到了年底，你達成了所有的目標，得到優渥的獎勵。

這是全球數百萬員工的處境。表面上看起來，這完全是個可以接受的安排。那我們多補充一點細節。時空是二〇〇六年，所謂的業務員就是放貸的人，主管規畫的業績目標就是要他不管屋主還款的能力，盡量放貸。或者，改成發生在一九九九年，這個業務員在安隆工作，銷售一個全新的概念：很多企業利用空殼公司來隱瞞自己的債務，而安隆把這些公司當成金融商品賣給摩根大通集團、花旗集團、瑞士信貸第一波士頓和美聯銀行。

這些公司裡的業務員可能都知道自己的決策有哪些道德後果，但更多人是完全不知情。他們可能認為這是「商業決策」，且相信自己是根據大家都接受的做法，完成企業的終極目標——認真賺錢。或者他們可能覺得這是法律決策，自問他們所採取的業務策略合不合法。他們很可能大部分都不會認為自己在做的是道德倫理的決策。

企業倫理的訓練往往來自這種道德觀：強調決策的道德元素，目標就是要鼓勵高階主管選擇有德的道路。但是這種訓練都會假設高階主管很明確地在道德行為與組織利潤間做出了取捨，但這種假設太狹隘了。這忽略了一項事實——決策者通常看不到道德困境裡的「道德問題」。在很多情況中，決策者不覺得他們需要把道德訓練課程中學到的道德判斷，應用在決策過程中。

如在第一章所述，我們的心智會受到有限道德感或認知限制的影響，讓我們不知道自己的決策是否有道德意涵。外在世界也會限制我們的能力，讓我們看不到特定決策的道德面向。舉例來說，職場日常生活的所有面向，包括了目標、獎金、合規系統和非正式的壓力，這都會讓我們淡化道德問題的分量，也就是說決策過程中沒有把道德面向納入考量。安和她的同事戴維．梅席克（Dave Messick）教授認為組織都有「道德褪色」的現象，這些決定的道德意涵淡薄到看不見，導致我們覺得自己在做「商業決策」而不是「道德決策」，結果我們做出不道德行為的機會就增加了。

道德褪色很細微、很難察覺，描述決策的用字遣詞也一樣很細微。亞伯特．史佩爾（Albert Speer）曾在希特勒政府擔任部長，也曾是希特勒最信任的顧問。戰後，史佩爾說他只是希特勒計畫的「管理人」，所以和人類相關的議題都不是他的工作。管理人的標籤讓史佩爾把道德決策分類為商業決策，所以這個決策的道德面向就被淡化了。

為什麼決策分類那麼重要？因為分類會影響決策。如果我們不把目前的決策視為道德決策，不管是因為我們的認知限制或外在力量導致自己淡化了道德問題的分量，這都會影響我們分析決策的方式，導引我們在無意間做出不道德的行為。

當我們在講道理之前，就先下判斷

我們來看看這兩個案例：

- 有個女生在整理衣櫃，發現了一面舊國旗，她覺得以後都用不到了，所以就把國旗剪成許多片，當成抹布清潔浴室。
- 一戶人家的狗在自家門前被車撞死了，他們聽說狗肉很好吃，所以把屍體剁了，煮來當晚餐。

心理學家強納森．海德（Jonathan Haidt）和他的同事，提出上述兩個假設情境來研究受試者，多數人都覺得這兩種行為是錯的，儘管他們也說不出個所以然來。他們只是說：「我不知道，我解釋不了，但就是覺得這樣不對。」

海德等直覺心理學家認為人會先有情緒反應才下道德判斷。換句話說，道德推論不會影響道德判斷，而是反過來：道德判斷影響道德推論。從這個觀點來看，立即的情緒反應會驅動我們的判斷。這些情緒過程形成了我們對道德問題的最初裁定，像是要不要尊敬國旗、能不能吃狗肉。這和睿斯特的道德決策模型完全相反，大家其實是先有了裁斷，然後才找原因來解釋。

有研究證實情緒反應對道德判斷的影響很深遠，此研究顯示若人的大腦神經受損，影響了腦中負責情緒的部分，那這些人做出道德判斷和行為的能力就會下降。這些發現讓我們開始質疑過去道德觀念的前提，以前都認為先有判斷才有行動。

當我們誤判了道德意圖

傳統關於倫理的哲學研究方式，尤其是道義倫理學，都認為我們在判斷不道德行為時，意圖很關鍵。也就是說，在判斷個人的道德感時，研究方法都會考慮到這個人有沒有做出道德行為的意圖。但是意圖的判斷太容易出錯了，耶魯大學哲學教授約書亞．諾博（Joshua Knobe）提供了一個精采的案例：

有位總裁必須決定公司是否進行新專案，這會增加利潤，也對環境有益。「我根本不在乎要怎麼幫助環境，」這位總裁說，「我只想要盡量增加利潤。我們來看看這個新專案。」

你覺得這位總裁有意幫助環境嗎？我們來思考下面不同的情境：

有位總裁必須決定公司是否進行新專案，這會增加利潤，但是會傷害環境。「我根本不在乎要怎麼幫助環境，」這位總裁說，「我只想要盡量增加利潤。我們來看看這個新專案。」

你覺得這位總裁有意傷害環境嗎？

儘管在兩個情境裡，總裁唯一的目標就是要賺錢，大家都是靠這個決定的「副作用」來判斷總裁的意圖。研究受試者讀了第一個情境之後，知道這個專案能改善環境，只有二三%的人認為總裁有意協助環境。相對地，八二%的受試者在讀了第二個情境之後都認為總裁刻意傷害環境。但明明兩個情境中，總裁的意圖都一樣。

受試者產生了不同的反應，而這和決策者的意圖無關。因此，意圖影響行為的說法就很值得懷疑了。意圖確實會驅動我們對於道德行為的反應，但這不適用於所有的情境和決定。安和她的同事克莉絲汀．史密斯－克勞（Kristin Smith-Crowe）教授主張，「『好人』和『壞人』都會做出『好決定』和『壞決定』」，所以辨別並理解有意與無意的道德決策很重要。傳統的研究方法忽略了無意間做出的道德決策。

睿斯特道德決策模型中的變數很重要，但是這模型中有些元素——道德覺知、階段、意圖——會讓人忽視其他導致不道德行為的重要因素。當我們忽略了道德決策可能不經過道德覺知，這個模型就忽略了大部分的不道德決策，而這些決策背後的理由就沒人去檢驗了。

有個檢驗真正行為的新哲學學派稱為實驗哲學，這個學派就是在回應我們所提出的批評。這些哲學界的叛徒希望可以更清楚地說明傳統哲學議題，進行實驗來蒐集資訊，了解人們在面對道德困境時實際做出的判斷。這樣的研究應該能提供寶貴的資訊，讓我們更清楚人類在真正碰到困境的時候會如何因應。不過，現階段這學派還很小，只有少少的幾位哲學家，他們的研究還不足以影響傳統的倫理訓練。

如果哲學不能提供解方，讓組織減少不道德的行為，那誰才有解方？要破解不道德行為的關卡，就需要徹底理解哪些事情會影響我們的行為——通常我們受到了影響還完全沒感覺——並理解這些事情如何影響我們對於道德困境的想法。接下來的章節將闡述心理學家如何將他們的理解運用在道德倫理這個新興領域裡。

兩種認知系統、兩種決策模式

行為倫理的領域強調我們一定要考量到個人在實際情境中如何決策，而不是他們在理想世界裡如何決策。研究顯示出人的大腦有兩個截然不同的決策模式。只要理解這兩種模式，我們就可以獲得關鍵資訊，做出更有道德的決策。

相信大家都不意外，我們的腦子如果負荷過高，那麼決策的時候往往會在道德面上妥協。舉例來說，你工作的時候愈忙，就愈難注意到同事忽略了操守而便宜行事，或是自己踩了線。有個很重要的心理學觀念可以解釋：「第一系統」和「第二系統」

思考的差異。從這個觀點來看，第一系統思考是我們處理資訊的直覺系統：快速、自動、輕鬆、不言自明、充滿情緒。第一系統很有效率，我們每天多數的決定都可以用此系統來處理。相較來說，第二系統比較慢、需要去察覺、要費力、不能含糊，而且比較有邏輯。當你用比較系統化且有組織的方式在權衡備案的得失時，你就是在進行第二系統的思考。

大家面對道德問題時，普遍都會靠第一系統做出情緒化的回應。不過，經過審慎思考之後所做出的決定通常和第一系統的回應不同。不僅如此，真實世界裡，這些決策再重要，我們還是會受到人類心智的限制。事實上，現代生活步調忙亂，會讓我們在可以靠第二系統來思考時還是依賴第一系統。在一份研究中，研究人員發現「認知忙碌」的受試者說謊的機會比較高，思緒沒那麼龐雜的受試者比較不會說謊。為什麼？因為反省需要認知能量，然後才會阻止我們自己說謊。瑪莉．克恩（Mary C. Kern）和杜莉．楚夫（Dolly Chugh）發現外在因素對於我們道德選擇的影響——例如，思考同一個結果的利弊得失——取決於自身有多少時間來做決定。他們請很多人想像自己置身於這個處境：

假設你要賣掉音響才能出國旅遊。音響的功能很好，有個音響發燒友說，如果他想買音響設備（但他目前不需要），願意出五百美元。你出發之前沒有太多時間，而朋友說你有四分之一的機會可以在出發前賣掉音響。（另一組人獲得的資訊是他們有四分之三的機會賣不掉。）過了幾天，有潛在買家來看音響，似乎很感興趣。潛在買家問你有沒有別人出價。你說有別人出價的機會有多高？

克恩和楚夫進行的研究指出，受試者說謊多數是為了避免損失（賣不掉），而非為了收穫（賣掉）。不過，用輸贏來立論只有在時間壓力下要求受試者儘快做出決定的時候才會影響決策。如果沒有這些壓力——受試者可以仔細審慎地思考這個問題，然後從容地回應——那就不會受到這個和道德無關的框架所影響。

哪種思考方式比較好，第一系統或第二系統？麥爾坎·葛拉威爾在著作《決斷2秒間：擷取關鍵資訊，發揮不假思索的力量》中告訴讀者可以信任直覺的時候，很多人都覺得太棒了。我們都喜歡憑感覺（第一系統）。而且第一系統的思考對多數決策來說就很夠了，如果連買菜的時候都要非常具有邏輯地貨比三家，那就是在浪費時間。不過靠本能、憑直覺，完全不用第二系統思考，就會讓我們「想做出的行為」和「真實的行為」距離愈來愈遠。面對最重要的決定，我們應該要派上第二系統的邏輯，涉及道德倫理的時候也是。

如果你的直覺反應和審慎思考過後的決定不一樣，如何在兩種情境中做出一致的表現就很重要。如果你讓直覺當家，就連怎麼解讀盈虧這麼簡單的事情都會影響決策。但如果你忽略直覺，完全冷靜地計算得失後才做決定，那你也可能會忽略內心的警告訊號，或許你的直覺說「有個地方不太對勁」，可能是你在計算時忽略了這個決策的道德意涵——那些造成二〇〇八年金融海嘯的人當初就應該聽到這種警告訊號。兩種思考系統必須互相對話。當這兩種系統無法達成共識，就表示你要讓一個系統去「查核」另一個系統。直覺可以幫你搞清楚你的審慎計算中可能忽略了什麼感受，而理性分析可以協助你判斷哪些無關的因素影響了你的直覺反應。

道德自我覺知的重要

本章提出的研究成果已提供了明確的證據，證明一般人都沒辦法發現自己的道德判斷有偏差，除非他們有更強烈的覺知。很可惜的是，提醒我們有什麼偏差也無法幫自身做出更好的選擇。我們都覺得別人才會有這種問題，自己並沒有。舉例來說，當受試者被問到要提供多少獎金才會影響到自己和別人捐血的意願時，多數人都高估了自利對別人的影響，同時，他們也都否認金額會影響自己的決定。我們大部分的人都會過分低估自己的行為被獎金或其他環境因素影響的程度。

我們替自己、組織和社會所做的決定可能會帶來巨大的傷害。要提升我們的道德判斷，我們必須理解並接受人類心智的限制。不過，要避免這些決策帶來我們不想要的結果，目前所使用的解決方案——包括法律與道德補救、訓練——都沒有考慮到這些限制。傳統方式不曉得有這些盲點，所以在改善行為的時候就沒什麼用。如果你和多數人一樣經常看不到決策的道德元素，就會落入常見的認知偏差，而且覺得你理想的行為比實際的行為有道德，那麼就算有人教你應該怎麼做出道德判斷，你的道德感也不會增加。相較之下，行為道德學的課就很能幫助那些想要實踐更高道德感，但是道德判斷卻不一定能合乎理想或預期的人。

第三章

當我們的行動
違背了自己的道德價值

身為大學教授，有時候失聯已久的朋友或親戚會在小孩快要滿十八歲的時候打電話給我們。為什麼他們會選在這種時候來電？通常絕大部分原因都是因為他們的小孩要申請就讀我們的大學。當然，朋友都會說他們知道我們沒有權力讓他們的小孩入學，他們只是打電話來請我寫推薦信，或者幫忙介紹負責審核申請資料的招生選才處主任。

這種電話讓我們很為難，因為我們往往不認識申請者，而去招生選才處說兩句話也沒什麼用。同時，告訴遠房表弟說，就算其他親戚提到我們在大學裡很威風，我們也幫不上忙，這只會讓場面很難看。既然我們見過招生選才處的處長，我們就會完成這個為難的過程，介紹申請者給處長認識。

你覺得我們這樣引薦，「人好心善」的分數有多高呢？那我們的道德行為呢？或許也有朋友或朋友的朋友或親戚的朋友請你幫過忙。也許這些小忙是要你挪用稀少的資源（像是工作機會）、讓他們加入特定團體（例如大學）、找到特定地段的公寓，或是介紹某間銀行的貸款經理。我們多數人都碰過這種人情請託。研究顯示如果對方是我們能認同的人，也就是和我們有很多相似處的人，那我們接受請託的時候心理會比較舒坦。心理學家說這個現象是「團體偏私」。如果對方和我們的母校、宗教信仰、種族或性別都相同，那我們就會特別偏袒他們。

在種族議題方面，少數族群在企業高階階層或多數大學的教職員名單裡比例偏低，這表示在一般分布的情況下，白人比較會打電話給白人，拜託他們借人情給更多白人，進而排擠掉了少數族群。當我們的親戚朋友打電話來替小孩說情的時候，我們無意就排擠了比例較低的少數族群。事實上，我們或許根本沒想到自己的行為會影響到少數族群，我們只注意自己「有多好」，願意替失聯已久的表弟在招生選才處處長面前美言幾句。但是當資源很稀少，而我們偏好的人又和自己很相似時，那最終的結果就是我們歧視了和自身不一樣的人。在本質上，偏好那些在人口統計上和我們很像的人，就等同於懲罰那些擁有不同特質的人，但多數人都沒看出這項事實。

過去二十年貸款的數據顯示，美國的銀行就算控制了所得、房屋地段等變因，還是比較不願意貸款給非裔，而白人獲貸的機會比較高。這個現象首次在一九九〇年代被報導出來，當時媒體描繪出銀行對非裔社群的種族偏見與敵意。或許報導強調的是銀行明顯的偏見與敵意，但我們長期合作的同事大衛．梅西克（David Messick）教授認為團體偏私更普遍。也就是說，當然有些審核貸款的人確實有種族歧視，不過更常見的問題是多數審核貸款的人會偏好和他們背景或種族相似的人。如果主要是白人在審核貸款，看到了要申請貸款的白人在符合貸款資格的邊緣，他們就願意放貸，而其他族群的人若未達標準便無法申請貸款，那最後的結果就會造成「小圈圈外的人」能獲得的資金比較少。這些人的行為和那些明顯具有種族偏見的人一樣都是歧視。會有這種結果只是因為審核貸款的人想要對「自己人」好一點。畫重點：「肥水不落外人田」和「槍桿子一致對外」會產生一模一樣的結果，而且歧視別人的人還不覺得自己做了任何錯事！

這個現象在伊利諾大學持續了很多年。《芝加哥論壇報》二〇〇九年五月揭發了伊利諾大學的議員和董事，因為關說而錄取了數百名成績不夠優秀的學生。據《芝加哥論壇報》取得的文件看來，這間學校在二〇〇五年至二〇〇九年之間因為高層官員介入，所以破格錄取了八百名學生。他們有個私底下稱為「第一類」的影子招生系統，在這個系統裡，不符合資格的申請者就算被招生選才處拒絕，還是被錄取了，有些人的拒絕信函默默地被撤銷了。有個最廣為人知的案子，就是人稱「東尼哥」的房產大亨安東尼・瑞茲哥（Antoin "Tony" Rezko）代表前伊利諾州州長羅德・布拉哥耶維奇（Rod Blagojevich）操弄影響力而被判刑，但伊利諾大學校長比・喬瑟夫・懷特（B. Joseph White）寫了一封電子郵件給校監說，州長希望能錄取東尼哥的親戚。收到這訊息的招生處承辦人表示東尼哥的親戚不夠優秀，會被拒絕，但這個決定後來被撤銷了，申請者順利入學。

根據《芝加哥論壇報》所檢視的文件顯示，政治任命的大學董事和議員常常替親戚朋友和鄰居遊說大學裡的職員。《芝加哥論壇報》表示：第一類招生系統「創造出很為難的處境，大學職員會收到議員的請託，而議員可以控制大學的荷包；至於董事，他們基本上就是這些職員的老闆」。涉入這樁醜聞的議員多半透過大學的兩位頂尖遊說專家來關說，而遊說專家必須讓議員滿意才能順利進行遊說工作。不僅如此，有兩位議員還透過其中一位遊說專家，威脅大學職員說如果他們的申請人沒被錄取，他們就要把大學的招生系統弄到翻過去。

值得注意的是，在二〇〇八至二〇〇九的這個學年裡，權貴名單裡申請者的錄取率是七七％，而所有申請者的錄取率是六九％。這些需要關說的申請者，他們高中的排名和標準測驗的平均成績都低於其他被錄取的學生。大學錄取了資格比較差、但關係比較好的學生傷害了校譽。二〇〇六年，伊利諾大學法學院招生處處長保羅．普列斯（Paul Pless）聲稱因為校風錄取了不合格的第一類申請者後排名下滑，他必須增額錄取兩名合格的申請者才能消弭排名下跌的負面衝擊。普列斯說：「當（申請者）就學後面對我們嚴格的課業要求，絕對沒有其他理由能期待他們不失敗。」

《芝加哥論壇報》揭發了第一類招生系統之後，在伊利諾州引發震撼。二〇〇九年八月，由州長委派屈克．奎恩（Patrick Quinn）任命召開的專門小組，發布了一份嚴峻、苛刻的報告，指出這間大學文化中長期充滿「犬儒觀念與粗鄙的投機作風」，因此面臨了「自己造成的全面危機」。懷特校長、校監等高階長官因為合作錄取了不合格、卻享有特權的申請者，包括捐款人的孩子，所以遭受指控。這份報告呼籲伊利諾大學董事會全體請辭。懷特校長放棄了第一類招生系統，並宣示要落實專門小組的建議，包括建立「防火牆」來保護招生流程不受高階官員左右、建立流程來回應議員請託、打造招生選才的行為法則。但是對懷特來說，傷害已經造成了，在緊迫壓力下，他於二〇〇九年九月辭掉校長職位。

由於伊利諾州議員、伊利諾大學董事會和大學職員面對此種招生做法都完全問心無愧，你可能會覺得這個團體偏私案例讓人難過，並且質疑這算是有意圖的賄賂貪腐，還是隱晦的歧視？其實兩者都是。不必懷疑，有些犯錯的人知道自己的行為不道德，但是對其他人來說，他們一心想要幫熟人，但是顯然忽略了大學會因為他們的舉動而不公平地拒絕了不認識有力人士的學生。幾位議員被《芝加哥論壇報》問到他們的人情請託時，回應他們只是在做分內的工作，「選民會打電話來請人去幫他們挖路、鋪人行道，也會請我們幫他們的小孩進大學」。伊利諾州眾議院議長麥克·麥迪根（Michael Madigan）對《芝加哥論壇報》說：「我覺得這毫無不妥。」許多伊利諾州的公民，包括完全符合資格、卻被這所大學拒絕的孩子都相當憤怒，但是也不怎麼意外這樣的事發生。「如果你有人脈，在伊利諾州，走到哪裡都有好處，」湯姆·威瑟坎（Tom Wethekam）的孩子透過正常程序申請，卻被伊利諾大學拒絕了，「我覺得申請大學也一樣。」

雖然伊利諾的第一類招生系統因為規模和組織而樹大招風，但幾乎所有美國的大專院校在招生時都要面對人情關說。《高等教育紀事報》的副編輯彼得·施密特

（Peter Schmidt）在二〇〇七年發現許多優秀大學裡主要的平權行動是「錄取校友後裔」，即校友、捐款人或其他有力人士的孩子若表現低於標準或差點符合資格，都可以被錄取。菁英機構錄取校友後裔的政策會選擇兩者中的前者：有特權、但資格較差的學生；和沒人脈、可是資格較高的申請人。多數常春藤盟校每年錄取的新生裡，有一〇至一五％的比例都是因為家族中的長輩是校友。就算是在公立學校，資金來自納稅人，像是維吉尼亞大學也有這種世襲系統。許多大學的官員說，校友的孩子和其他申請人的資格一樣高。這種統計數據很難驗證，但是有一份一九九〇年發表的教育部報告中，提到哈佛大學一般以這種校友背景錄取的學生，在體育以外的所有領域裡表現都比沒有校友背景的學生「差很多」。和那些偏袒白人的抵押貸款機構一樣，大學官員很可能也不知道他們特別「照顧」校友的做法歧視了那些沒有校友背景的人。

美國大學招生選才過程中出現的團體偏私和很多人的決策過程一樣，都證實了有限道德感的核心概念：很多人在從事不道德的行為時，根本沒有意識到自己的行為不道德。不僅如此，我們相信這種不道德的行為比刻意的賄賂、貪腐更普遍，因此需要很不同的改正策略。行為倫理學的研究讓我們更清楚地知道大家在實際情境中如何做出道德決策，以及經過更深刻的理解與反思之後，大家會如何做出這些決策。除了團體偏誤之外，本章還會強調其他形式的有限道德感。我們會把重點放在尋常的偏見，這是團體偏誤的旁系分支，然後我們會擴大討論，納入兩種普遍的傾向：誇大自己的貢獻、輕視未來的代價。

尋常的偏見

團體偏私的例子讓我們看到了一個人只想著要當個好朋友、好鄰居、好教友的時候，可能會在無意中歧視了別人，這就是一種有限道德感。更廣泛地來看，過去十年的研究發現了人類會有許多偏好，但他們自己都不曉得。「內隱心理學」有許多精采的發現，讓我們看到自身對於男性與女性、白人與黑人，以及更廣義的「我們的團體」與「他們的團體」都有不同的態度，且這種態度往往隱而不顯，也就是說，我們都不會意識到。這對商業、法律、醫療和所有想要真正發揮道德感、而非嘴巴說說的人來說，都很重要。

如果你覺得自己不會在無意中造成歧視，那麼請看看艾許頓．布里格三世（Ashton Briggs III，以下稱艾許）的案例，艾許在一間知名且頗具聲望的顧問公司擔任合夥人。雖然他是白人且家境富裕，但在公司裡，屬他最熱心召募少數族群的企管碩士，每次公司一開缺都有很多人搶破頭。這間公司最重要的徵才地點就是各校企管所。艾許成功地說服同事要確保比例較低的少數族群也都能進到第二輪面試，這些應徵者若進入第二輪，就會花一整天的時間到各部門輪流面試。然而，儘管艾許這麼努力，這間公司在多元徵才方面的名聲卻沒有特別好，原因不明。二〇〇九年春天，這間公司提供給碩士新鮮人的缺額沒有過去那麼多，其他顧問公司也一樣，因為金融海嘯重創經濟。不過這間公司還是持續面試剛離開研究所的新科碩士，目標就是要添幾個人手，也想維持公司在校園裡的能見度。艾許負責徵才，他的團隊精挑細選之後剩下兩位候選人。

第一位在還沒進企管研究所之前，就曾經來公司裡實習了兩年。他成績很好，推薦信也很漂亮。其中一位推薦人還是艾許以前的教授。

另一位在她獲得企管碩士學位之前，就在能源產業待了不少時間，而能源產業對這間公司未來幾年都很重要。她成績優異，是企管研究所能源社團的社長，而且還有一位頂尖的知名非裔教授替她寫了充滿熱忱的推薦信。兩位當然都符合資格，但他們只剩一個缺。最後，艾許和他的同事決定要錄取以前的實習生。關鍵因素就是艾許信任教授寫的推薦信，而且他對這位教授的印象很好。儘管另一位在能源產業服務的經驗很寶貴，但這間公司更重視員工熟不熟悉公司的系統。

儘管合夥人都一致同意了這個選才決定，艾許卻很困擾。他們選了一個白人男性，放棄了非裔女性。艾許之前就開始追蹤、記錄所有企管碩士申請者的學歷、性別和種族，還有面談、待遇、錄取率等資訊。他在填入那年的資料時，發現這幾年來少數族群申請者比白人更容易得到第二輪面試的機會，但還是白人比較容易得到工作機會。讓人更困擾的是，艾許拿出了自己寫過的推薦信，發現過去七年內，他的推薦模式很符合這間公司的決策。他的態度都沒變，這幾年來很熱心地請少數族群應徵者回來面試，但是到了最後，他也很一如往常地在集體決策時做出艱難的選擇，排除掉少數族群的應徵者。在這個過程中，艾許收到了一封電子郵件，同事要他看一段網路影片，那是美國電視廣播公司節目「國際換日線」的片段。這影片介紹了瑪札琳．貝納基教授（Mahzarin Banaji）與安東尼．格林華德教授（Anthony Greenwald）的研究，他們引導觀眾去一個網站，過去已有一千萬名訪客在這個網站上探討自己的內隱偏好並獲得回饋，未來就可避免自己在不知不覺中造成歧視。艾許的好奇心大發，便去那個網站看看，發現了內隱聯想測驗。艾許應該要看著非裔和歐裔的面孔，迅速按下不同的電腦鍵盤。他在這一關判斷了三十張面孔，對他來說很瑣碎、簡單。接下來，他要區分哪些是正面或負面的字眼，例如「好」「和平」「喜樂」就是正面的字詞，「小氣」「惡魔」和「糟糕」就是負面的字彙。這一關看起來也很簡單。

第三關是要在看到黑人的臉孔或負面的字眼時按下同一個鍵，看到白人臉孔或正面的字眼時按另一個鍵。這一關比較難，但也不會很傷腦筋。

第四關和第三關很像，但是配對方式不一樣。這次，艾許看到黑人臉孔或正面的字彙時要按一個鍵，白人臉孔或負面的字眼時按另一個鍵。這聽起來和上一關很像，可是，玩起來卻覺得難很多，艾許發現他自己經常按錯。而且更明顯的是，為了找出正確答案，他答題的速度比上一關慢很多。

電腦計算出艾許在判斷「黑人、正面」或「白人、負面」的時候要花比較多的時間，如果是在「黑人、負面」或「白人、正面」之間選擇就快很多（衡量單位是毫秒）。根據這些結果，電腦提出的結果是：艾許比較容易把黑人和負面串聯在一塊，將白人和正面連結在一起。換句話說，他的內隱聯想透露出他偏好白人勝過黑人，儘管他完全沒有意識到自己偏心。

貝納基、格林華德和他們的同事將這種偏好稱為「尋常的偏見」。他們之所以用「尋常」這個字就是為了強調人類用來分類、察覺和判斷資訊的尋常思考流程會導致系統性的感受與信念，進而被標示為偏頗或刻板印象。這種思考流程也很「尋常」，因為就連非常誠實、聰明的人也會被影響，包括了經理、高階主管和其他專業人士。這研究就屬於行為倫理學。

有些學者懷疑內隱聯想測驗是否能準確預測實際的行為，不過這份測驗已經讓我們看到了精采的實證結果。研究人員發現內隱聯想測驗的結果預測出我們對於少數族群的敵意，以及大家在選才時種族歧視的程度。有一項關於種族的內隱聯想測驗預測出實際上醫師在面對白人和非裔病患的時候會有什麼差別待遇。研究人員發現了瑞典人偏好面試瑞典人，而非阿拉伯人。事實上，有很多證據可以看出所有的團體都有不同程度的內隱偏見。

二〇〇九年七月，哈佛大學非裔教授亨利．路易士．蓋茲二世（Henry Louis Gates Jr.）被麻州劍橋警局白人警佐詹姆士．克勞利（James Crowley）逮捕之後，前美國總統歐巴馬的評論掀起媒體風暴。你可能記得，蓋茲教授從國外返家之後發現門鎖卡住，於是在計程車司機協助下破壞門所方得進門。而鄰居懷疑是惡徒闖空門所以報警。克勞利獲報後前往查看，要求蓋茲走到屋外，蓋茲拒絕了。蓋茲說他給克勞利看了他的哈佛職員證與駕照，證明這是他的居所，但克勞利還是不相信他住在這裡。克勞利說他後來相信這確實是蓋茲的家，但據稱蓋茲跟著克勞利到前廊後不願配合，於是克勞利當時覺得自己必須逮捕蓋茲。事後在記者會中，歐巴馬說劍橋警局逮捕蓋茲是「愚蠢的行為」，掀起全美的種族紛爭，且愈演愈烈，後來趕緊在白宮玫瑰園安排了「啤酒高峰會」。

歐巴馬第一時間認為克勞利在蓋茲的家裡逮捕他很愚蠢，你或許（不）同意他的看法，但更重要的是克勞利逮捕蓋茲的這個決定算是外顯的種族歧視行為嗎？還是克勞利決定逮捕蓋茲的時候，並沒有特別敵對非裔？美國人不難想像一個有種族偏見的白人警察看到無辜黑人男子的行為時，就先入為主地認為他有犯罪意圖，因此反應過度。美國執法單位和司法體系素來明目張膽地歧視少數族群，對他們差別待遇。但克勞利不符合種族差別論者的特徵。事實上，他還在警察學校教導學員如何避免依照種族特色判斷嫌犯。

證據顯示儘管克勞利受過訓練，可以用不受膚色影響的方法來對待蓋茲，但克勞利或許還是受到了潛意識種族偏見的主宰。在急迫的當下，這名員警必須決定如何對付蓋茲。這種瞬間的決策特別容易受到無意識的偏見影響。我們愈是沒時間思考，就愈可能會落入種族的刻板印象。在一項研究中，參與電腦模擬的受試者要射擊螢幕上的犯人，但是不可以射擊沒有武裝的平民或警察。遭誤殺的黑人男性比白人男性多。根據南佛羅里達州犯罪學教授洛麗．菲力德爾（Lorie Fridell）表示，美國長久以來警方與少數族群間的敵意，加上許多人都有黑人就是暴力犯徒的刻板影響，會導致某些警員預期黑人比較不願配合或比較有攻擊性。

我們多數人的工作不像警察一樣，得在生死一瞬間做出決定。但是我們都容易因為刻板印象做出傷害別人的決定。如果你的內隱態度如內隱聯想測驗所測量出來的一樣，和你的意識觀點不同，你應該至少要把測驗結果當成一個警訊，提醒自己可能在不知不覺中造成歧視。貝納基教授相信「學會忘記」無意識中的種族偏見需要系統化的改變，所以建議我們要質疑媒體對於種族的描述，檢視自己的交友選擇。我們愈少接觸和自身不一樣的人，不管是種族、文化、宗教或其他差異，就愈容易透過狹隘的偏見來看待對方。克勞利逮捕了蓋茲之後，堅持自己的行為沒錯，並拒絕對蓋茲道歉。不過，克勞利願意和蓋茲坐下來（在正副元首的陪同下）喝咖啡。做秀之後，還有民眾看到這兩個過去曾經對峙的人約在麻州劍橋的酒吧見面。這種開放的溝通與理性的反省可以有長遠的影響，避免我們激動的時候犯錯。

自我中心讓人更會邀功

「沒有任何一種科學教育、沒有任何一種共同利益會教人們均分財產與特權。每個人都會覺得自己得到太少，他們會一直羨慕、抱怨、攻擊別人。」

——杜斯妥也夫斯基《卡拉馬助夫兄弟們》

你分擔了多少比例的家事？職場上的好點子有多少比例是你想出來的？你所在的部門長期為組織貢獻了多少比例的利潤？你的公司和其他企業合作的時候，這個聯盟的成功有多少比例是因為你的付出所促成的？

你在回答這些問題的時候，根本不可能知道自己有沒有過分邀功，但研究確實顯示出大部分的人都覺得自己在團體中的付出比較重要，很多人也會自覺所屬部門對整個組織的貢獻比較大，自己的公司對策略結盟的付出比較有價值，但現實未必能證實這個觀點。就算是我們能有意識地做出準確的評估，大家還是會覺得自己的功勞比較多。這種行為有一部分就是來自於有限道德感的作祟。

這現象在學術界很常見。一九二三年諾貝爾獎頒給了發現人造胰島素的科學家，其中一名得主弗瑞德里克．班廷（Frederick Banting）認為他的合作夥伴，也是實驗室主任約翰．麥勞德（John Macleod）其實是豬隊友。麥勞德在演講中提到了研究與發現，但似乎忘記告訴大家他有個夥伴。近期，麥斯和他的同事尤金．卡魯索（Eugene Caruso）和尼克．埃普利（Nick Epley）看到了幾篇探討組織行為的文章有四位共同作者，於是就請這些作者分配自己的功勞。平均來說，相加每個人認為自己付出的比例之後，會得到一四〇%。我們不知道是不是每位作者都高估了自己的功勞比例，只知道合計之後，整體付出增加了四〇%。經過這樣誠實的邀功（誠實是因為每個人都相信自己的評估很正確），根本不可能讓每一位作者或多數作者覺得分配很公平。更糟的是，如果大家都要爭功勞（像是要依順序列出作者姓名），就很容易爆發衝突。

在爭執過程中，我們無法意見一致。為什麼？因為不同的人會注意到不同的資料。在合作過程中重視自己的貢獻而非別人的付出，這反映出另一個普遍的道德偏見：自我中心。人本來就會自然地以自我為中心——也就是說，在分功或究責的時候，人會做出對自己有利的判斷，這現象會導致每個人對於怎麼解決問題才公平有不同的見解和結論。我們通常會先根據自己的利益決定我們想要什麼樣的結果，然後再替這個偏好找理由，在公平的基礎上調整其他因素的重要性。

假設在勞資糾紛裡，原告和被告拿到了同樣的資訊。兩方會用不同的方式處理資訊，然後進行研究去支持自己的觀點。和原告相比，被告會記得比較多細節來支持自己的說法，想不起來那些支持原告的細節。原告則相反。從自利觀點來看問題的傾向會影響各方對於公平和解的看法，同樣地，勞方與資方在合約糾紛中對於何謂公平若缺乏共識，兩方歧異的程度也會影響罷工的時間長短。

這種處理資訊的差異並不是策略選擇，不管你想不想，這種現象都會發生。我們的大腦會吸收有利的資訊，忽略不利的資訊。這麼一來，難怪多數人面對訴訟或仲裁的時候都會高估他們勝訴的機率。當然，不可能每個人都勝訴，不可能雙方都有七五%勝訴的機會啊！但是根據他們選擇看到的事實，雙方又都相信自己才是對的。問題是他們賴以評估勝率的「事實」已經存在著認知偏誤。他們忽略了那些會導致敗訴的事實。

同樣地，在另一份研究裡，談判課的學生要研究汽車與機車相撞後，雙方訴訟的資料，各自拿到了不同的文件（證詞、病歷、筆錄等等）。學生分組後，有的擔任原告、有的當被告，而他們要設法達成和解。老師對學生說如果他們不能達成共識，造成談判僵局的那一方就要面對巨額罰款；此外，若進入僵局，被告要付給原告的賠償金將由一位很公正的法官來決定，而法官拿到的資料和他們一樣。在談判之前，學生要先預測法官的判決，而且不能透露給對方。他們的預測和談判無關，也不會影響法官的決定（因為法官已經做好決定了）。不過，原告預測的金額還是比被告的預測多了一倍以上，從原告與被告的期望值差異就能預測出他們能不能順利和解。

自我中心和過度邀功也常發生在運動團隊勝利時，運動員往往覺得自己的功勞比較大，企管研究所學生覺得團隊專案裡面自己的功勞比較大，有些人覺得自己在募款過程中付出比較多。夫妻在評估自己對家庭的貢獻時，也會碰到一樣的難題。如果問他們負責了多少比例的家事，很可能雙方都自覺做超過一半。你可能會記得碗都是你在洗、衣服都是你在摺、帳單都是你在付。不過你可能忘了，或者你的大腦甚至沒注意到你愛的人負責控制收支、倒垃圾、整理院子。因此，你相信自己做得比較多，但實際上未必。（至於我家，我們夫妻倆都堅持各自的付出占了七五％——所以這現象很普遍！）

自我中心不只會讓我們覺得自己的付出比實際上多，也會促使我們爭取更多資源。取用過多稀有資源造成目前最令人頭痛的環保危機，像是物種滅絕和氣候變遷。這種危機可看成是社會困境，或是全體中的成員短期之內為了維護自身利益而採取的行動，但是所有成員和社會都會因為集體的自利行為而承受長期的損失。生態學家加勒特．哈丁（Garrett Hardin）在他知名的文章〈公有地的悲劇〉（Tragedy of the commons）裡生動地描述了典型的社會困境。假設有一群牧羊人在公有地放牧，每個牧羊人都想增加牲口數來增加利潤。但如果草地上有太多羊，最後就會寸草不生。哈丁篤定地認為在這個情況下，多數牧羊人都會「背叛」團體，私自增加牲口，最後破壞了草地，所有的牧羊人最後都失去了長期的收益。

關於如何面對氣候變遷的爭議，往往卡在各國都覺得自己有權利去爭取「比例合理」的資源，也有開發的權利。結果，各國對於自己造成多少問題、要付多少責任無法達成共識。中國和印度等快速發展中的國家則責怪西方國家過去延續至今的工業化，且過度耗損資源。同時，美國和已開發經濟體則怪罪新興國家焚燒雨林、人口過剩、毫無節制的經濟擴張。

人類所排出的溫室氣體中有四二%來自中國和美國，這比例非常驚人，但這兩個國家經常在這議題上互踢皮球。前美國能源部部長朱棣文和前商務部部長駱家輝在二○○九年七月訪中時，呼籲中國要逆轉排放溫室氣體的速度。朱棣文表示，若中國拒絕，未來三十年內所排放的溫室氣體會比美國歷史上排放過的總和還高。駱家輝說：

「五十年後，我們不希望這個世界都責怪中國造成環境災難。」中國官方媒體新華社在報導朱棣文和駱家輝的演說時，忽略了中國在氣候變遷過程中扮演的角色與美國的批評，而是強調駱家輝承認美國已經排放了一百五十年的溫室氣體。

美國政府或許確實需要以公平的標準來對待美、中的氣候變遷協議，但在美國眼中的公平可能受自身利益所影響——中國也一樣。很遺憾，自我中心會讓所有國家都相信他們在逆轉氣候變遷的過程中可以承擔少一點責任。使問題惡化的原因並不是我們想要不公平的欲望，而是我們缺乏客觀面對資訊的能力。此外，氣候變遷是個非常複雜的議題，仍缺乏決定性的科學與技術資料。這樣不確定的處境會讓自我中心的現象更加嚴重。當資料很明確的時候，大腦就不容易操弄公平的定義，但是在極端不確定的情況下，自我中心的傾向就會更明顯。

濫捕是另一個自我中心造成社會困境的例子，這個困境很普遍而且無法追溯、究責。每個人都可以捕撈公海裡的魚，所以魚資源就特別容易耗竭。黑鮪魚已經因為濫捕而銳減了。黑鮪魚是目前海中最有價值的魚種，身型可達三十公尺長，六百八十公斤重。在東京，一條黑鮪魚就可以賣到十五萬美元。

一九六九年，當大量黑鮪魚巡遊於北海、波羅的海和地中海時，總部設於馬德里的國際大西洋鮪類資源保育委員會（ICCAT）是第一個監督黑鮪魚保育的區域性國際漁業管理組織。不過，接下來的數十年，黑鮪魚數量大減。一份近期的研究發現就算全面禁補黑鮪魚，大西洋東北和地中海的魚口還是會絕種。這幾年，國際大西洋鮪類資源保育委員會訂下了限額，每年最多只能捕撈三萬噸黑鮪魚，並計畫未來修正為兩萬五千五百噸。不過合法捕撈沒有受到妥善監控，非法捕撈卻相當猖獗。

此委員會的表現實在太糟糕了，也因此它又被戲稱為「國際共謀鮪魚抓光光委員會」。確實，其委外進行的專家報告說，這個組織的管理作為被「廣泛認為是國際恥辱」。為什麼此組織在處理任務的時候，這麼無效呢？因為其專家無法控制這四十六個會員國，每個國家的自我中心表現都無法制衡。要解決這個問題，至少要先認清自我中心的觀點如何影響會員國的決定。由於這種偏見的影響力沒有被點破，所以我們也不可能期待每個漁夫都會自願為了公共利益減少漁獲量。因此，要從系統開始改變才有用。

二〇〇八年九月，在國際自然保護聯盟會議中，多數國家簽署了決議案，決定暫停捕撈黑鮪魚，並制定更好的管理與執法措施。不過各國政府簽署了決議案之後，又紛紛開始背棄自己的承諾。歐盟漁業總署的發言人說，暫停捕撈黑鮪魚會「讓義大利、西班牙和法國的漁夫很絕望」。如果要全面禁捕或限額捕撈，大家很容易去同情那些失去生計的漁夫，可是如果過去四十年人們好好地管理漁業，那漁夫就可以繼續捕魚，不擔心有朝一日要禁捕了。此外，如果黑鮪魚的漁夫想要為他們的孩子和孫子建立永續漁業，他們或許應該停止捕撈鮪魚，復育魚群，但無法永續的濫捕行為依然持續。

黑鮪魚逐漸絕種只是漁獲下降與耗竭的眾多案例之一。在整個公海裡，太多高科技船隻和工廠船在追逐這些逐漸消失的魚種。漁夫掃光了所有魚口之後，就會轉向比較不吸引人的魚種。世界各大漁場都有這個問題，美國東北的鱈魚和黑線鱈濫捕的問題非常嚴重，而美國東南海岸則是濫捕鯊魚。讓人遺憾的是，漁夫通常只有在為時已晚時才想要解決濫捕的問題，這就和所有行為倫理學裡的偏誤一樣，每個人都不知道自己的行為有道德問題和嚴重的後果，所以才會爭取過多資源。事實上，這個問題可以追溯到不同的捕魚團體，他們都以為自己在追求公平的比例，可是漁夫短期內爭取過多，就會導致長期的損失。當加拿大在一九九三年被迫終止鱈魚捕撈的時候，四萬人因此失去了工作。目前，全球十五個主要漁獲區裡，有十一個都發現了魚口銳減的現象，人類最喜歡的魚種裡有七〇%都在逐漸減少。

有鑑於全球災難，我們和杜克大學的金柏莉．偉德—本佐妮（Kimberly Wade-Benzoni）根據現實生活中的危機去模擬研究。美國東北的漁業從一九八〇年開始就看到了危機，當時要拯救漁場還來得及。我們在模擬中讓四個不同商業與休閒漁業團體的代表參與會議，受試者被分為四組，每個人要代表其中一個團體。這四個團體從保育行為中獲得的利益程度都不同，但整體來說，若他們能把漁獲量減半，未來就能繼續捕魚，這樣對大家都好。

每位與會者事前會先閱讀漁業危機的資料，然後四人聚在一起開會半小時，會議內容沒有約束力。接下來，我們請每一位私底下先告訴我們，他們認為這四個組織要怎麼分配漁獲量才公平，接著再說隔年要捕多少魚。我們計算了每一位與會者認為公平的未來漁獲量，然後發現（這個結果後來重複了很多遍）大家還是從自身利益去詮釋公平：四組的數字合計起來遠超過百分之百。而且，他們從自身利益出發的詮釋完全可以在模擬中預測到濫捕的趨勢。

這些實驗結果表示真實世界裡的漁業危機和其他過度爭取資源的例子會發生，都是因為老實人也會以自我為中心，他們打從內心對於何謂公平也會有不一樣的看法。因此，他們不會發現自己的主張不公平。理解人本來就會以自我為中心並過度爭取功勞，才能讓我們開發出有效的解決方案來面對目前的環境危機。事實上，在教導大家認識每個人都會以自我為中心的時候，了解自我中心會如何暗中為害是很有效的。因此，在你指控別人很自私的時候，試著從別人的觀點來想想。你可以問自己對方是不是相信自己的要求很合理。舉例來說，員工若能在要求獎金之前，先花點時間想想雇主如何定義價值，這樣比較明智。

很可惜的是，這種自我中心的訓練不會減少自我中心對行為的影響。當我們發現別人自我中心的時候，我們不認為這種偏見會影響我們——這就是用自我中心的角度來詮釋自我中心的偏見！為了解決這個問題，哲學家約翰．羅爾斯（John Rawls）提出的建議很有用。羅爾斯建議在「無知的面紗」下衡量公平，也就是說，理想中我們應該在不知道自己扮演什麼角色的時候去評估狀況。所以，當兩個人要分蛋糕的時候，一個人負責切，另一個負責選。

過度輕忽未來

你想要今天拿到一千美元，還是一年後拿到一千一百八十美元？在條件受到控制的實驗中，多數人會選擇前者，儘管一年後的投資報酬率可以多一八%。同樣地，屋主常常不願意投資節能設備，不願意買節能家電和日光燈，但投資報酬可以回來得很快，而且報酬率可能遠超過一八%。從這些小地方就能看出來，我們常常替未來的代價大打折。我們經常會重視或過分重視短期的考量，犧牲了長期的考量。這個模式導致太多人沒有為退休後的生活存錢，為自己和家人創造了危機。

我們忽略了現在的活動會在未來發生什麼後果，這個傾向就是美國房貸危機的推手，房貸危機從二〇〇六年開始，於二〇〇八年掀起了金融海嘯。房地產泡沫的時候，開發商與貸款公司創造出蓬勃的景氣，蓋了更多房子，提供更多人房貸。低收入戶過去想要買房子只能靠做夢，忽然間他們接到了房地產仲介的電話，對方提供低利的可變利率抵押貸款。過去，買房的人必須先提供大筆頭期款，並且讓放款的公司證明他們有足夠的收入，在未來十五至二十年內，每個月都還得出貸款。可是房市泡沫時，借款公司開始降低標準，收入要求放寬了。最後，有些借款公司甚至完全不要求收入證明。一夕之間，好像每個潛在的「次貸借款人」都可以利用可變利率抵押貸款來獲得資金，買下心目中的房子。

當然，這些獲得貸款的人應該停下來想想，他們的貸款如果在三、五或七年後爆炸了怎麼辦。可是很少人去想。他們過分輕視了未來，狹隘地重視眼前的低利時光。當房市泡沫崩解時，房價下跌，利率攀升，融資變得更困難。可變利率貸款的利率調高了以後，這些次貸借款人付不出來，最後免不了拖欠貸款，最後房子被銀行收回去拍賣。當然，因為組合次級貸款拿去賣的利潤極高，放款公司被利潤蒙蔽也有錯，他們沒有預期到把貸款提供給不合格的借款人會有什麼後果。

過分輕忽未來的傾向不限於個人，組織也會。有一間常春藤盟校完成了基礎建設裝修，卻沒有從長期的觀點來使用最符合成本效益的產品。大學的行政人員都知道這個決定長期來說是個錯誤，但因為建設案的資金有限，校方很隱晦地在決策過程中打了折，只重視支出能省多少，忽略了長期營運的開銷。在這個過程中，大學忽略了財務部門會很想看到的投資報酬。此外，相較於外來建設計畫裡的主張，這間大學實際上對環境沒有那麼友善。整體來說，這所大學不一致的忽視程度就會讓行政人員摧毀了價值。相對地，哈佛大學透過「綠色校園倡議」成立了一筆基金來負擔各學院的環境永續專案，避免這些單位因為短期預算壓力而無法從長計議。二〇〇八年金融災難重擊哈佛和其他大學，結果環境倡議成了哈佛最好的投資。

當個人或組織在決策時大打折，行為決策研究人員通常會把這種錯誤視為決策錯誤，但我們認為如果一個決策會造成別人的損失，或者是未來的世代必須為我們的錯誤付出代價，那這個問題就是道德議題。替未來的代價大打折不只很蠢，還不道德，因為這剝奪了未來世代的機會和資源。但是很多人、組織和國家都會犯下這些錯誤，完全沒察覺到他們的道德感很有限，而且行為也不道德。多數人都說他們想要尊重地球，也會想著自己的子孫。可是當我們要為未來世代投資，卻因此降低自己的生活標準時，我們就會開始覺得未來世代太模糊了，無法在選擇時考慮進去。

在社會的層次中，替未來的代價大打折造成的問題很嚴重。不合理的折扣會導致一連串的環境問題，像是我們討論過的過度捕撈，以及不投資新科技來因應氣候變遷。據美國生態經濟學家赫爾曼．達利（Herman Daly）觀察，我們做環境決策的時候都會把地球當作是一間「清算中的企業」。如果情況很不明朗、問題很遙遠，而且牽涉到跨世代的資源分配，我們最容易替未來的代價打折，導致物種滅絕、北極冰帽融化、鈾礦洩漏和有毒的水污染。

因為過度輕視未來而無意造成的不道德行為不限於環境議題。這也可以解釋美國和許多國家的國債為何如此龐大。戰後嬰兒潮即將退休，美國要付出的退休金金額只會愈來愈高。人口老化的社會結構造成平均壽命又比過去長，醫療保健支出金額節節高升，這些因素綜合起來會讓社會安全、聯邦醫療保險和聯邦醫療補助的支出在二〇三〇年前就達到天價。同時，退休人員和勞工的比例預計在二〇〇〇年至二〇三〇年成長一倍。能繳付稅金來支應數百萬老年人開銷的勞工將變得更少。

共和黨往往反對增稅和縮減國防預算，民主黨則反對縮減社會服務。兩邊都相信他們在捍衛道德原則。不過兩邊都各有政治企圖，且同時共同忽視了他們留給未來世代的財務包袱。舉例來說，布希前總統計畫要補貼老年人的處方藥。這個計畫在二〇〇六年一月一日生效，但這計畫設計得實在太迂迴，多數聯邦醫療保險的受益人都不知道怎麼加入，更多人無法以政府承諾的折扣價來取得處方藥。這個計畫的設計讓政府無法和製藥公司談藥價，其他聯邦醫療保健專案也一樣，這個設計的「瑕疵」讓保險公司從中獲利，卻犧牲了納稅人和退休族群。「聯邦醫療保險處方藥計畫」被罵翻天，原本可以在前十年省下一兆美元，彌補布希政府尾聲的一．三兆美元赤字。不過，因為特殊利益團體的權力龐大，民主黨就算後來在二〇〇九年取得了政權，國會也過半，依然無法消滅這項構想拙劣的計畫。

我們在本章探討了有限道德感可能造成的道德瑕疵，特別在道德倫理學的領域裡，檢視很多決策者在進行不道德行為的時候並沒有意識到自己的失德。描述了這些錯誤的本質之後，我們會在下一章討論為什麼聰明、老實的人也會做出這些行為，因此沒有自己想的那麼道德。

第四章

為什麼你沒有自己想的那麼有道德？

我們在第一章請你比較自己和別人的道德感。我們也問過許多參加談判課的高階主管類似的問題，像是覺得自己和同儕相比是否比較不誠實、一樣誠實，還是比較誠實。相信你現在也能猜得出來，絕大多數的學員都深信自己比多數同學還誠實。

現在我們來看看近期的高中生調查。填寫問卷的高中生裡，接近三分之二的比例表示自己過去一年內曾考試作弊。超過三分之一的人承認曾抄襲網路文章，接近三分之一坦承過去一年內曾在商店裡順手牽羊，超過八〇%的人說他們曾經為了保密一件大事而向父母撒謊。不過這些高中生裡有九三%的人很滿意自己的道德特質。

如行為倫理學研究所料，這幾年來最令人匪夷所思的道德醜聞裡，許多涉案的人都堅稱他們本人比據稱的行為更有道德。據報導，安隆的董事長肯尼思·雷伊（Kenneth Lay）堅持，他在這間很不光采的公司任職期間沒有做錯事。前美國總統柯林頓對美國大眾說——或許也是在自我說服——他和陸文斯基沒有性關係。在前任伊利諾州州長布拉哥耶維奇被指控，要把歐巴馬空出來的參議員席位賣給出價最高者之後，在如山的鐵證面前依然堅持自己是無辜的。

我們可以這樣解釋這些人在顯然不誠實的行為面前，為何還能聲稱自己有道德，或者否認自己犯了錯。首先，或許這個人真的很無辜；如果我們能掌握所有的資訊，知道他究竟做了什麼，我們也會同意他對自己道德品格的評價。第二，有可能這個人其實不相信自己的行為符合道德，但是他卻主張自己有德，希望能降低傷害。第三種解釋也是我們認為最有可能與最麻煩的解釋：這個人有可能在失德的證據前，依然發自內心相信自己有德。

或許從來沒有人指控你成立了空殼公司來掏空投資人的錢，抑或是指控你和實習生發生關係或販售參議員席位。不過，很有可能，你和雷伊、柯林頓、布拉哥耶維奇（和我們）一樣高估了自己的道德感，也認為別人低估了自己的道德感。行為倫理學研究認為我們思考過程中的偏誤導致這些道德感假象可能發生。我們和同事克麗絲緹娜．狄克曼（Kristina Diekmann）教授、偉德－本佐妮教授都認為這些偏誤會發生在好幾個決策的階段裡。人在面對道德困境之前，最初都會以為自己能做出符合道德的選擇。然而，實際上碰上道德困境時，他們卻做出了不道德的選擇。可是當他們檢討那個決定的時候，還是相信自己是個有道德的人。以上情況加總起來，這些偏誤便逐漸增多，最後他們對自己的道德感有了錯誤的正面觀點。更糟糕的是，這會讓他們看不到自己需要提升道德感的需求，所以這個模式會不斷重複。我們在這一章會從道德決策的前、中、後三個階段，來檢視道德倫理學家認為人們無法做出道德決定的心理流程。

在你做出決定之前：錯誤的預測

假設有個年輕的女大學生在尋找校園裡的工作機會來支應生活開銷。她看到校園裡有人在徵研究助理。工時和薪資都很符合她的目標，所以她馬上應徵。對方請她去面談，這時有個三十出頭的男子在面試過程中問了幾個面試會出現的標準問題後，又多問了這三個問題：

妳有男朋友嗎？

別人覺得妳有魅力嗎？

你覺得女生上班的時候穿胸罩適合嗎？

你覺得這個年輕女子碰到這種狀況應該怎麼做？如果你覺得她會很憤怒，並且直接告訴對方這些問題很不適當，那你並不孤單。有項研究以同樣的情境測試，要求受試者預測自己的行為反應，發現六二%的女大學生猜想自己被問到這些問題的時候，都說她們會直接問對方為什麼要問這些問題，或者是告訴面試者這些問題很不恰當；六八%的人則會拒絕回答。

這些學生的預測或許不出你所料，但她們都猜錯了。因為在同一個研究中，研究人員讓女大學生進入了一模一樣的面試場景裡。一名三十二歲的男性真的問了這些唐突的問題。結果呢？沒有學生拒絕回答。少部分問他為什麼要提出這些問題，而這比例並不大。但她們問得很有禮貌，而且通常是等到訪談結束時才問。

行為倫理學和其他研究充分記錄了人類誤判自己行為的傾向。我們堅信自己在特定情況下會做出特定行為。可是真的碰到的時候，表現卻不一樣。這種「行為預測失準」的例子不勝枚舉。我們不擅長預測自己多常去看牙醫，也通常抓不準自己需要花多少時間才能完成工作或家事。我們低估了老闆或同事對我們的影響力。每年的新年新希望就是各種行為預測失準的縮影。每年年初，我們都會設下期待，希望自己能有不一樣的行為，包括對道德的期待。我們甚至會投入資源來「確保」自己能否完成目標。我們會加入健身房、雇用健身教練、買小一號的新衣服。我們發誓要更有耐心，希望閒暇時間去當義工，或者用不同的方式來節約能源。我們相信在新的一年裡，我們會是個「新」人。但到了十二月，我們發現其實自己沒什麼改變，然而我們還是會對來年的行為做出同樣的預測。

我們來想想以下情況：當病患被診斷出疾病時，有時得決定自己要不要參與臨床試驗，臨床試驗可以評估特定疾病的療程是否能發揮作用或藥品的安全性。參與臨床試驗的病患會被分成不同的組別，每個小組獲得不同的療程。試驗的最後會測量每種療程的作用、藥物對病程的影響和副作用的強度。病患和家屬通常都會被問：「你要不要參與臨床試驗？」

要不要參與臨床試驗的決定往往就是社會困境。如我們在第三章曾說明，社會困境是指團體和成員的利益互相衝突。舉例來說，有些人可能相信節省使用汽油對社會有益，但他們還是會選擇開車、不步行，並且用「少了我這輛車排放廢氣也沒差」來合理化自己的行為。許多無法溯源的問題核心都是社會困境，包括了環境保育、核裁軍，或甚至是小組報告、團隊專案。在社會困境中，對個人來講，最簡單的策略就是「背叛團體」：捕撈接近絕種的魚、消耗燃油、維持核武軍備、在小組裡打混。可是當每個成員都背叛團體，那麼集體的目標不管是保護特定物種、改善環境、創造更安全的社會或完成專案都會被犧牲掉。在這個情況下，只要每個人多合作一點點，整個群體就能完成更多。但是對個人來說，追求自利似乎是最合理的目標。

要不要參與臨床試驗的決定也是一種社交困境，因為個人必須要配合才能幫助以後的人。參加臨床試驗不一定能讓病患本身恢復健康，病患在臨床試驗中接受的療程不但可能還沒經過驗證，效果也未必比現有的療程好。許多臨床試驗頂多有機會幫助未來的人獲得更新更好的療程，但不能幫助此刻生病的人。此外，目前病患的利益得失相當不明確，也很難衡量。臨床試驗的終極目標是要提升醫療品質，這樣每個人最終都能獲得更好的療程，也讓醫生對於病情的發展有更良好的判斷。

假設你認真思考了參與臨床試驗的決定，並預測自己的行為，就會發現每個符合資格的人若有機會都應該參加臨床試驗。你相信「正確」的決策就是要為醫學進展做出貢獻，所以你和所有人都應該這麼做。這樣想完以後，你預測自己如果碰到了這個情況，一定會選擇讓自己或家人參與臨床試驗。

現在我們快轉個幾年，假設你的孩子罹患了一種威脅到生命的疾病，根據最後一次療程的結果，醫生判斷他有七五至九五％的機率可以再活五年。你做了充分的研究，知道剛被核准的新療程有相當正面的結果。

你和醫生討論孩子的病情時，醫生問你願不願意讓孩子參加臨床試驗，由電腦來決定你的孩子會接受哪一個療程。當你請醫生比較兩個療程的效果時，對方說新療程還在研發初期，無法回答。你願意放棄已知且通過核准的療程，進行一個有風險且療效未知的備案嗎？這時你一定會馬上堅定地說：不！

這種翻臉的變化，每個人都可以感同身受。如果在完全假設的情境裡針對孩子的健康來進行決策，你當然可以好好思索，做出最符合你道德水準的決定。但如果是在真實世界裡，公共利益就可以丟到窗外了。最要緊的是你的孩子，還有什麼對她最好。下一節，我們會解釋為什麼會發生這種行為預測失準的現象。

決策時刻：代表欲望的自我出頭了

社會科學家長期以來都認為我們經常體驗內在的衝突。「代表欲望的自我」和「代表理想的自我」最常起衝突。「代表欲望的自我」是指你充滿情緒、情感豐沛、容易衝動且急躁魯莽的那一面。「代表理想的自我」包含了我們的道德意圖和信念，我們相信自己的行為應該要符合道德價值和原則。相比之下，「代表欲望的自我」反映了我們實際的行為，通常重視自身利益，相較之下比較不重視道德考量。「代表欲望的自我」意指我們想要怎麼做；「代表理想的自我」則是表示我們應該怎麼做。

我們的研究顯示這兩種自我會在不同的時間主宰思考過程。代表理想的自我負責決策前後，但是在決策當下，代表欲望的自我贏了。因此，準備做決定的時候，我們預測自己會做出自認應該做的決定。我們認為面試碰到性騷擾就應該要挺身面對，所以預測自己在面試時可以站出來為自己發聲。我們覺得應該去看牙醫、應該要分攤家事或工作，要抵抗同儕壓力，要運動，要吃健康的食物。我們認為在社會困境中就算個人要付出代價，也應該要為了公共利益而合作。簡言之，我們預測自己會做出「應

圖3：從時間觀點來看「代表欲望的自我」和「代表理想的自我」如何爭戰

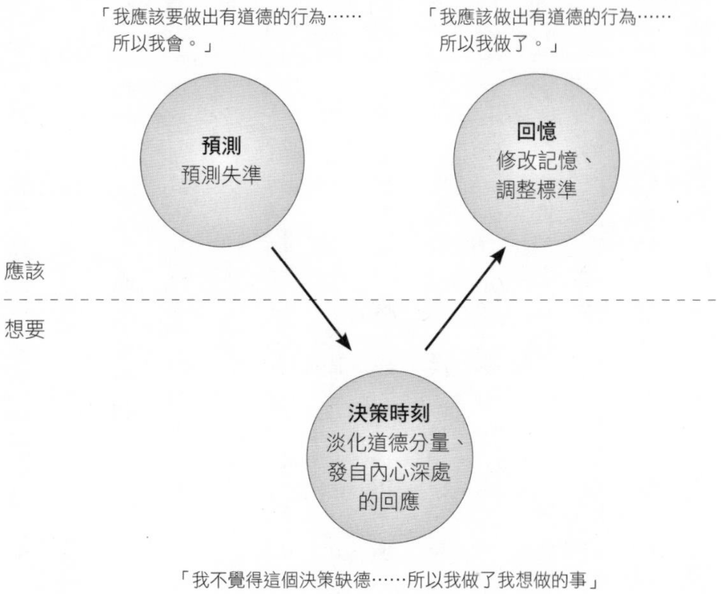
「我應該要做出有道德的行為……
所以我會。」
「我應該做出有道德的行為……
所以我做了。」
預測
預測失準
回憶
修改記憶、
調整標準
應該
想要
決策時刻
淡化道德分量、
發自內心深處
的回應
「我不覺得這個決策缺德……所以我做了我想做的事」

該如何」的決定，或根據我們的原則與道德理想來做決定。可是到了午休時間，我們實際要做決定時，卻有完全不一樣的發展。

到了決策的時刻，我們一直想著自己想要怎麼做，至於應該怎麼做的想法都消失了。出租影片的偏好研究很明確、生動地表現出代表欲望的自我在決策時刻如何主宰思維。假設我們把還沒看過的電影分成兩個基礎類別：藝術型或教育型的電影是我們應該看的，如

《史考特南極探險隊》（*90 Degrees South: With Scott to the Antarctic*），另外一類是我們實際想看的，像是《追殺比爾2：愛的大逃殺》。麥斯和凱蒂・米爾科曼（Katy Milkman）與陶德・羅傑斯所進行的研究發現，在線上電影光碟出租系統裡，大家「想看的」電影都比較早還，「應該看的」電影則是比較晚還，表示「應該看的」電影在茶几上放了很久，而大家會先看「想看的」電影。受試者在決定要看哪部電影的時候，「代表欲望的自我」打敗了「代表理想的自我」。

當我們選擇等一下要看什麼電影的時候，正處在決策的預測階段，判斷我們認為自己會看哪一部電影。這時候，我們滿心想著應該看什麼。內心的聲音可能是「如果我要坐在螢幕前面什麼都不做，至少我可以看點有教育意義的東西」。代表理想的自我這時主宰了思緒，所以你選擇了教育性質且「應該看的」電影，搭配了娛樂性質比較高的電影。等到你實際要播放的時候，卻已經將教育學習的想法拋到腦後了。務實、一頭熱、在乎自身利益的自我凌駕了理性而冷靜的理想自我，你決定要在比爾面前要廢一下（或是如果你不喜歡《追殺比爾》系列，那就會選個無腦喜劇）。

這樣的推論如何應用於道德決策？當我們在思考最近的幾樁醜聞，如龐氏騙局馬多夫或前任伊利諾州州長布拉哥耶維奇的賣官醜聞時，多數人都堅信自己不會做出這種行為，如果有人要我們做，我們不會支持，而且假若看到了，一定會舉報。我們相信自己做出的行為就會像我們認為應該有的行為一樣——符合我們的道德、理想和原則。可是，行為倫理學的研究卻往往讓我們看到當自己面對有道德色彩的決定時，我們所做的行為和自己預測的不一樣。這代表欲望的自我贏了，不道德的行為發生了。

為什麼我們在人生中會一而再、再而三地說一套做一套？社會科學家發現當我們在預測自己會產生什麼行為和真正去行動的時候，想法是不一樣的，而兩者之間的差距是源於我們在兩個時間點是由不同的動力所驅使，道德褪色也會造成兩個時間點的想法不同。當我們想著未來的行為時，很難預測實際會有什麼情形。一般原則和態度會驅動我們的預測，我們因此看到森林卻沒看到樹。等到情勢逼近時，我們就開始看到樹了，森林也消失了。這時是細節，而非抽象的原則在驅使我們的行為。

有一項研究針對美國癌症協會在「水仙日」所得到的公益捐款進行調查。超過八成以上的受試者被問到願不願意為公益捐款，而購買一朵水仙花時，他們都回答「會」。事實上，當真的要做決定的時刻到來，那些說會捐款的人裡卻只有一半真的捐了。顯然，他們在思考支持公益活動對社會的好處，以及自己支持公益活動的動機時，並沒有考慮到捐款當下可能會受到哪些影響，像是時間、金錢或打擾。在真正做決定的時候，他們可能會面臨很務實的問題，像是他們要買午餐，口袋裡面錢不多，人們在預測自己的行為時並沒有想到這些細節。他們在午餐和水仙花之間取捨，最後選了午餐。我們說一套做一套的其中一個理由是，我們在預測時和執行時的動機不一樣。有個研究談判行為的調查，談判人員預測當他們碰到好勝的對手時，會砲火猛烈連發，自己也變得很好強。可是當他們實際上和好勝的對手過招時，談判人員會變得比較沒有侵略性，威力並沒有增加。這種說一套做一套的差異可追溯到兩個時間點的動機不一樣。談判人員想著面對強勢的對手時要怎麼舉措，那時他們很想「贏」，會想要避免對方占上風。可是實際談判時，他們想要談出結果，避免空手而歸。同樣地，一般人會覺得參加臨床試驗可以普渡眾生，但他們真正決定要不要讓孩子參加臨床試驗的時候，他們的重心就是孩子。

若一個決策牽涉到道德層面，安和梅西克的研究發現道德褪色也是一個造成我們說一套做一套的主因。在預測的階段，我們或許能清楚地看到這個決策的道德面向。

我們的道德價值被喚醒了，我們相信自己會根據這些價值來行事。如第二章所述，哲學家所發展出來的道德決策模型往往認為道德覺知會激起道德行為。不過，在決策的時候，道德感褪色了，道德問題的分量淡到我們再也看不見，而我們全心全意要做出最好的商務或法務決定。道德原則看似無關，所以在決策過程中根本沒考慮進去，最後我們就做出不道德的行為了。

一九七〇年代福特平托車的案例就能清楚地描繪出決策過程中道德褪色的現象會導致災難性的結果。這款車型的油箱設計在車尾，若發生追撞，起火爆炸的機率高到無法消受。又因為發生意外時，車門會卡住，所以一九七〇年代很多福特平托車的駕駛人死於意外。

醜聞爆發後，引發福特平托車設計缺陷的決策過程就遭到詳細的調查。福特當時和福斯競爭激烈，所以平托車匆促量產，時程被大幅縮減。生產前的撞擊測試就發現了油箱破裂的危險，可是生產線已經準備好了，福特決定無論如何都要製造這款車。當時根據損益分析來衡量決定，評估修理這個瑕疵的最低成本（大約每輛車當時十一美元），以及發生車禍後需要面對訴訟的開銷。福特覺得賠錢了事還比修改設計省錢，所以接下來八年內，有設計瑕疵的平托車就被量產了。

這個案例現在已經擺脫不了臭名，但我們懷疑當時福特的高階主管並無法預知自己做了不道德的選擇。可是他們的決定奪走許多條人命，也造成許多人身體殘缺。為什麼？看起來在決策當下，他們認為自己做的是「商務決策」而非「道德決策」。他們用了一個多數商學院都奉為圭臬的「理性」方法來評估損益，因此戴上了濾鏡來看待自己的決定。決策中道德感褪色了，他們的計算公式裡不會考慮到死傷等道德面向。計算結果顯示直接生產、不要重新設計才是最佳的商務決定，所以他們保留了危險的油箱。

為什麼道德感會褪色？這可能要怪我們身體的本能需求。我們在做決定的時候，會聽從發自內心深處的聲音。為了要提高我們的生存機會，這機制內建在我們大腦裡。舉例來說，飢餓就是在告訴我們身體需要營養，痛苦表示我們可能面臨環境裡的危險。在這些情況下，我們的行為會變成全自動化，就是要處理大腦傳出來的訊息。面對這些影響的時候，我們的反應會主導決策，確保自己能活下去。

這種機制顯然會提供寶貴的資訊，讓我們做出必要的行為，像是吃東西好讓身體獲得營養或是逃離危險。可是我們內心深處的反應有時候在其他地方就會讓我們失去生產力。假設你希望提高工作效率，決定明天要早起。你定好五點半的鬧鐘，下定決心。但等到鬧鐘響了，你想要多睡一點的欲望凌駕了所有考量。你關掉鬧鐘，繼續睡。在決策當下，內心深處的反應會讓我們重視短期的收穫。我們會把注意力放在如何滿足本能需求，想讓自己活下去。其他的目標，像是顧慮別人的利益或甚至自己的長期利益就通通消失了。在福特平托車的油箱決策過程中，緊張壓力可能產生了類似求生本能的感受：避免市場被搶走、想獲得高額獎金、希望在公司裡面「走路有風」都成了福特高階主管決策當下的主要目標。道德考量就被淡化了。

而且如前述，在面對道德困境時，我們常常在論理之前就行動。換句話說，我們會根據轉瞬間的感受來迅速做出決定，而非仔細、謹慎地衡量得失。我們內心深處的反應在決策當下非常強勢，我們因此無視其他該考慮的事。我們想要幫助公司維持市占率，我們希望賺取利潤和獎金。結果，欲望獲勝了，理想失敗了。行為倫理學家認為我們要等到晚一點才會開始進行道德評斷。道德評斷不是為了幫我們做決定——那時決定已經做完了——而是為了要合理化我們的決定。

在你做出決定之前：回憶不可靠

在道德困境中憑內心深處的反應做出行為之後，我們又逐漸能明顯地看到自己的選擇有哪些道德後果了。我們以為自己是有德之人，結果卻做出失德的行為，這時候我們面對這兩者的衝突。這種落差讓人不安，或許還參雜著其他情緒，而我們可能會想要減少這種不和諧感。這個念頭強烈到研究人員發現若讓大家在做了不道德的行為之後洗手，他們就不覺得自己那麼需要彌補那個不道德的行為了（例如，原本他們覺得要去當義工，洗個手就免了）。在這項研究裡，透過實際行動去淨化自己的道德就足以讓大家重建自我形象，不需要更多行動了。

有些人也可以透過心理淨化來重建自我形象。心理淨化就是一種道德脫鉤的行為，讓我們可以選擇哪些時候要有道德標準，哪些時候不必。妮如・帕哈莉亞（Neeru Paharia）教授和羅西特・德許潘德（Rohit Deshpandé）教授發現消費者若得知自己想買的衣服是童工做的，在天人交戰之後可能會對自己說童工是社會問題。同樣地，麥斯和麗莎・舒（Lisa Shu）教授與法蘭西絲卡・吉諾（Francesca Gino）教授的研究發現，若能創造出某種環境讓大家知道自己可以作弊，那他們就不會覺得作弊有道德問題。道德脫鉤讓我們可以違背自己的道德標準，卻依然相信自己是個有道德的人。

心理淨化有很多不同的形式。就像我們會說一套做一套，我們的回憶也和當下的行為搭不起來。我們會選擇性回憶，特別記得那些支持我們自我形象的行為，而剛好忘記那些不符合自我形象的事。我們會合理化不道德的行為，改變我們對於道德行為的定義，並且隨著時間對自己不道德的行為愈來愈無感。

多數人在回想高中或大學歲月的時候，都會想起無憂無慮、歡笑、輕鬆、興奮的生活。他們或許不記得自己說過什麼話，或是他們每天做了什麼事，可是他們的回憶可能都還算正面。多數人很可能對於高中與大學生活有不同的觀點。他們可能忘了細節，像是每天要早起、八點就要上課、兩天之內要考四科的期末考、當時的男女朋友竟然沒有每天打電話。同樣地，當我們在回想起自己過去的行為符不符合道德時，會著重於抽象原則，而不是自己行動中的小細節——見林不見樹。你不會想到自己說過的謊或財務瑕疵，而是抽象地去思考你平常的行為，然後從這個觀點得出自己的行為符合道德原則的結論。

我們之所以會膨脹自己的道德感，是因為我們傾向做個「竄改系史學家」。當你決定不要讓孩子參與臨床試驗，而是替孩子選擇目前最好的療程之後，你就會很迅速地重新審視這個決策，認為這證實了自己很全面地評估了所有可行的醫療方案。這種修改回憶的衝動就是因為自利偏差。如我們在第三章討論過，兩個人可以對同一個狀況抱持非常不同的看法，只想著什麼對自己有利，忘了或根本沒有想到那些對自己不利的事。當我們回想起過去的行為時，這些自利偏差就會幫忙掩飾不道德的行動。隱而不彰的目標就是不要準確地描繪自己，而是創造出一個符合自我觀點的樣貌。

如果我們能想起細節，就會著重於自己說實話或為原則挺身而出的那個部分；同時，我們也會忘記自己說過的謊或屈服於壓力的經驗。舉例來說，應徵者在回想求職經驗的時候，可能會記得自己誠實地告訴對方想要住在哪裡、願不願意搬遷，卻剛好忘了謊報目前收入的部分。因為我們都希望自認是有德之人，記得那些符合道德的行動和決定，然後忘記或甚至沒看到不道德之處，才能留下無瑕的有德形象。

不過人們的自利偏差沒有那麼簡單。有時候，我們或許真的可以「看到」自己在某個情境裡做出了不道德的行為。不過，通常我們會找到方法在內心「扭轉」這種行為，或許是合理化自己的角色、改變道德的定義，抑或是用比較正面的角度來看待這個缺德的行為。柯林頓或許改變了「性關係」在他心中的定義，所以主張他和陸文斯基沒有性關係。同樣地，會計師可能覺得他們是「用創意進行會計」，並沒有犯法。

我們也很擅長把矛頭轉向。心理學家很早就知道我們都覺得成功都是自己的功勞，失敗都是別人的過錯。當我們把問題都怪罪於自己控制不到的影響力，像是經濟、主管、家人，並且把成功都歸功於自己的智力、直覺、個性，就能維持良好的自我感覺。二手車銷售員可能覺得自己很有德，儘管他把會漏油的車給賣掉了，但他可能會覺得那是買家沒有問對問題。負責執行死刑的人覺得自己的行為沒有錯，那是法制體系的責任：「我只是照規定來。」很多人在商場上做了合法、但不道德的行為，被發現以後都會很快地解釋說他們的行為完全合法，而且是為了投資人利益著想。

多數組織裡的階級制度都提供了內建的卸責機制：主管。「我只是奉命行事」「我只是在做我的工作」「去問老闆，不要問我」……這些話聽起來是不是很熟悉？反過來也一樣，很多主管都會怪員工失德，自稱無辜。雷伊替自己在安隆的不道德行為找到理由，說這都是財務長安德魯‧法斯陶（Andrew Fastow）的錯。雷伊說法斯陶讓他和董事會成員都誤信了檯面下的合作，最後導致公司滅亡。雷伊承認這些行為不對，但同時也迴避自己的角色。他至少在心中維持了自己的道德形象。

我們常聽到：「別人也是這樣搞啊！」這就是在硬凹。我們都會逃漏稅，不是嗎？這種一竿子打翻一船人的指控方式威力強大，貝恩‧班強生（Ben Johnson）使用類固醇禁藥，結果丟了奧運金牌之後也用這句話來替自己辯護。這種找理由來解釋的行為就受到偏誤影響。安發現我們愈想要做不道德的事，就愈覺得那個不道德的行為很普遍——所以可以接受。也就是說，你逃漏稅的金額愈大筆，你就會愈容易相信每個人都在逃漏稅。

如果你沒辦法硬凹，就會隨時調整自己的道德標準。某些行業裡的員工是用他們投入的時間來向客戶計費，例如顧問或律師，很多新手都強烈相信他們不會灌水。不過，過了一段時間之後，有個員工可能就會發現自己的時數不到「標準」。為了追上大家，她在四個專案裡各加了十五分鐘。無條件進位又不是什麼大問題，大問題在心裡。這個員工已經無法把持她的道德標準，她心中道德與不道德的界線已經移位了。

一個人只要調整了道德標準，道德原則對她的約束力就消失了。或許將來再也沒有她跨不了的界線。這是一點一點、逐漸變化的過程，她不會看到自己移動的每一步。這次灌了一小時，一個月後她發現自己還缺兩小時。每個禮拜灌一小時就變成「新常態」，她甚至再也不認為自己這樣不道德了。隨著時間過去，這名顧問可能每週灌水十小時。以前，她絕對不會容許這種舞弊的行為，但那是指一次灌水十小時，不過她是分攤十次，每次灌水一小時啊——於是她的道德標準每次下降一點點。更糟的是，我們接觸了不道德的行為之後，就會漸漸無感。對這顧問來說，她開始麻木了，每次謊報一小時都不會對不起良心。舉個更戲劇性的例子，監獄裡的輔導員常輔導受刑人的家屬和受害者，他們看愈多處刑的過程，道德脫鉤的現象就愈嚴重。

從馬多夫的龐氏騙局報導中，我們可以看出這種偏誤的斜坡會愈來愈險峻。馬多夫剛開始只是挖東牆補西牆，用一群投資人的錢來付給另一群投資人，據說他剛開始是交易賠了錢，需要現金來週轉，掩蓋那幾筆投資的損失。隨著時間過去，他需要用來掩蓋損失的金額增加了，他的謊也愈說愈大了。這一點一點累積的騙局在三十多年內都沒有受到監管單位的注意。為什麼稽核員沒注意到他的踰矩行為？在分析了我們如何產生不道德的決策之後，下一章會談到我們為何經常沒發現別人失德的行為，也沒有採取行動。

第五章

當我們忽視不道德的行為

二〇〇八年金融系統崩潰之後，矛頭指向各方。輿論認為有錯的單位包括了不負責任的銀行、貪心的購屋族、投機分子、民主黨國會議員（因為他們強力主導，讓低收入借款人也能獲得高額貸款）和布希政權（因為決策很糟糕而且疏於管制）。不過至少有一部分的問題來自獨立的信用評等機構，他們沒有確實評鑑不動產抵押貸款證券的風險。「信評機構捅出了天大的失誤。」此話出自加州民主黨議員亨利．華克斯曼（Henry Waxman），他是美國眾議院監管和政府改革委員會主席。這個委員會找到明確的證據，顯示出信評機構的高階主管「很清楚他們把數千筆愈來愈複雜的不動產抵押貸款證券都評為AAA沒有什麼根據，但這些公司還是願意為這些證券背書」。

信評機構的宗旨就是要教育外界利害關係人，讓大家知道發行債券的人值得多少信用（包括企業、非營利組織、聯邦政府、州政府、地方政府），並且讓大家了解這些金融組織賣給大眾的債券有什麼性質。信評機構之所以存在就是因為他們理當客觀，可是他們的收入受到各種因素影響，客不客觀根本不重要。信評機構的前任高階員工曾經在華克斯曼的委員會作證時，表示美國信評系統內有利益衝突。明確來說，最大的信評機構如標準普爾（S&P）、穆迪（Moody's）和惠譽國際信用評等公司

（Fitch Ratings），其營收都來自他們所評鑑的企業，而不是投資人。當評等出錯的時候，損失最多的是投資人，而不是企業。這幾間最大型的信評機構若想要發大財就給證券和債券發行人最高信用評等就好，他們不見得要提供最準確的評估。此外，標準最鬆散的信評機構當然就是最多新客戶上門的機構，因為這些機構願意為了錢給他們比較正面的評價。更糟的是，這些信評機構還為他們評鑑的企業提供顧問服務。

如果信評機構會為了錢討好他們評鑑的對象，那麼這個環境裡就不可能有獨立、不偏頗的評鑑結果了，這看似很明顯，但不是所有人都相信這麼明顯的結論。替信評機構辯護的人說，這些機構很清楚企業操守的重要，所以他們的評鑑不會有偏誤。這個信念雖然很值得尊敬，但實在太過樂觀了。況且，這會讓整個社會都看不到各方的不道德行為。就像聯邦政府在安隆事件爆發前看不到審計業的利益衝突，我們的領導者也沒辦法在災難發生前就改革信用評等產業。在這兩個案例中，很多人都看不到別人的不道德行為。

我們之所以不會注意到別人的不道德行為，原因有很多。首先，我們忙著注意其他事。第六章將提供更多細節，說明我們會把注意力集中於能讓自己獲得獎賞和報酬的目標，往往忽略那些無法提供我們獎賞和報酬的目標。我們留意別人的不道德行為，通常也不會有獎勵。而且，人類很擅長忽視那些很明顯的事情。認知心理學心理學先驅烏瑞克．奈瑟（Ulric Neisser）在研究中，請他的康乃爾大學生看一段影片，裡面有兩組人在傳球，每組各三位球員。其中一組穿白色上衣、另一組穿黑色。奈瑟的學生要負責數白色上衣的球員傳了幾次球。這些人的身影用後製的方法疊加在畫面上，而且影片畫質並不清晰，所以數球的任務有點複雜。

你可能已經猜到了，數球只是一個幌子。你在忙著數白色球員傳球的次數時，可能和其他人一樣都沒注意到有個女人撐著傘走過籃球場。（如果你不相信，可以重播。）奈瑟在康乃爾大學的學生裡，只有五分之一的比例注意到了這個女人。當我們在企管碩士班和高階主管班播放這部影片的時候，注意到這女人的學生比例更少，我們自己第一次看這影片的時候也沒發現她。因為大家專心數球，就會忽略視覺世界裡很明顯的資訊。

奈瑟的影片提供了證據，表示我們注意一項任務的時候，就看不到環境裡其他現有的資訊。除了忙碌和分心之外，本章會運用行為倫理學點出，我們為什麼會忽略別人的不道德行為。有人明明在做壞事，為什麼我們還會別過頭？我們會先討論「動機型閉一隻眼」（motivated blindness），也就是說如果忽視別人不道德的行為最符合自己的利益，人們就會選擇忽視。第二，我們會探討「間接閉一隻眼」（indirect blindness），如果有人是透過別人的行為幹出骯髒齷齪的勾當，那人們也會傾向不去注意這種不道德的行動。第三則是我們在注意到別人的不道德行為時，會產生「滑坡效應」（slippery slope）。最後，我們重視結果大於過程的傾向會影響人們如何評估別人的選擇。

動機型閉一隻眼

二〇〇八年頗受爭議的非紀實電影《為愛朗讀》，是根據德國作家徐林克的小說《我願意為妳朗讀》所改編而成。在電影中漢娜是個文盲，她曾擔任納粹集中營的警衛，在第二次世界大戰期間因為下述可怕的事件而在戰後面對戰犯審判。原來漢娜與另外五位女警衛在一九四四年造成數百人死傷。那天晚上，她們負責看守教堂，當晚教堂被轟炸而失火，警衛都沒有開門，所以三百個犯人被活活燒死在裡面。

漢娜非但沒有救人，她在作證時還表示戰爭期間她按照規定每個月選十個猶太人進毒氣室。當漢娜被問到為什麼沒有打開教堂的大門時，凱特．溫絲蕾飾演的漢娜很困惑地看著法官。「當然，」她就事論事地說：「原因很明顯：我們不能開門啊！我們是警衛。我們的工作就是要看守他們。」漢娜解釋說，如果警衛在教堂大火的時候開門，她們就沒辦法控制群眾了。在混亂之中，大家會逃跑，漢娜就不能做好自己的工作了。漢娜被緊逼著要解釋為什麼她沒有釋放那些人的時候，她大叫著：「我們要負責看守他們！」她大惑不解地問法官：「你會怎麼做？」

我們無意替這個虛擬的角色辯護。不過《為愛朗讀》中漢娜的反應，讓許多猶太團體驚駭地批評這本小說，指稱這個角色犯下滔天大罪卻還完全不懂自己的行為有哪些道德後果。她沒有受過教育，從小聽從比她優秀的人指揮，在集中營工作只是為了求溫飽，讓囚犯逃出教堂大火的選項完全不存在。《為愛朗讀》中，漢娜接受了她的宿命（判刑），但是在她的人生，她卻不覺得自己的行為不道德。

漢娜的行為──包括了否認自己做錯事──是個極端的例子，也是個虛構的案例。不過，我們認為漢娜缺乏認知的行為和很多人為了團體、組織或國家的利益而犯錯一樣。愈來愈多證據顯示出很多人可以在造成劇烈傷害的時候毫無察覺，就和漢娜一樣。一份二〇〇九年的調查發現，在兩千八百名受調的員工中，四九%都表示儘管他們所屬的組織很積極地要提升員工的道德行為，但他們這一年內還是在職場觀察到一些不對的行為。很可惜，犯規或惡行並不是新鮮事，在安達信、安隆、南方保健、泰科國際及世界通訊等公司的假帳風暴之前，更早的還有通用電氣、投資者海外服務公司（Investors Overseas Services）、林肯儲蓄和貸款機構和香妮餐廳（Shoney's）等會計醜聞。

我們在本書強調行為倫理學的重要發現：既得利益者很難用毫不偏頗的態度去面對狀況，就算他們覺得自己很誠實也一樣。我們認為所謂的偏頗還包括了你對別人的觀察：也就是說，如果有個因素會讓你對於別人失德的行為閉一隻眼，那其實你根本看不到那失德的行為。「動機型閉一隻眼」就是在描述很多人經常都沒辦法注意到別人不道德的行為，因為看清楚了，自己就會受傷害。如果甲方有個誘因，會用對乙方比較有利的角度去看待乙方，那麼甲方就很難準確地衡量乙方的行為道德水準有多高。過去十年發生的許多重大醜聞裡，董事會成員、審計公司、信評機構等等都可以得到足夠的數據，也應該能注意到別人不道德的行為，並採取行動。可是，他們都沒有這麼做，至少有一部分是因為心理認知的傾向，讓他們不會注意到自己不想看到的壞數據。

信評機構的過失讓人震驚，這很類似以前審計事務所犯的錯。二十一世紀初最嚴重的醜聞就是安隆的衰落，我們的世代裡最廣為人知的企業崩壞案例就屬安隆了。為什麼安隆的審計事務所安達信竟然在安隆向股東隱匿了數十億美元債務時，還願意為安隆的財務健康背書？很簡單，安達信必須睜一隻眼閉一隻眼。二〇〇一年，安隆是安達信會計師事務所第二大的客戶，一年就付了數千萬美元：審計費兩千五百萬美元、顧問費兩千七百萬美元。安達信有非常強烈的動機來留住大客戶，並且繼續合作簽約賺大錢。顯然，找客戶麻煩沒辦法留住現有的客戶。此外，安達信的審計人員都很希望被安隆挖角，因為他們很多同事都已經被挖過去了。安隆的隕落並非特例。這間公司崩壞之後，許多大企業也紛紛爆出財金弊案，像是世界通訊、環球通訊、泰科國際和帕瑪拉特。在這些案子裡，審計人員都沒辦法揭露客戶的惡行。如果這些審計事務所的員工注意到自己的同事怠忽職守或他們的客戶貪贓枉法，沒有忽視這些行為，那或許這些弊案都不會發生。這些案件讓我們看出美國的審計系統脆弱到讓動機型閉一隻眼的行為可以這麼猖獗。

麥斯和他的同事測試了利益衝突的強度有多高，他們讓參與研究的人看了一份公司併購案的文件，這間公司是虛構的，而受試者要評估這間公司的價值，他們總共分為四種角色：買方、賣方、買方的審計人員、賣方的審計人員。所有人看的文件內容都一樣，裡面有很多資訊可以協助他們評估這間公司的價值。負責審計的人提供鑑定後的估值給自己的客戶。就像本書之前引用過關於自利偏見的文獻所示，賣家出的價格比潛在買家高。和本章更有關連的是，審計人員負責提供買家或賣家建議，可是他們也會因為客戶的利益而有強烈的偏見：賣家的審計人員公開表示這間公司的價值遠高過買方審計人員的估值。

審計人員的判斷是刻意的偏差，還是被有限道德感所影響了？要回答這個問題，我們請審計人員以公正的專家角色來評估這間公司真正的價值，而且跟他們說，估值最準確的就可以得到獎賞。平均下來，賣方審計人員的估值比買方審計人員的數字多了三成。

這項證據顯示出，這些人並不是有意識地要偏袒自己的客戶，而是他們在吸收內化資訊的時候就已經偏頗了。審計員的角色讓他們在評估時，就已經有了先入為主的偏見，也限制了他們的能力，讓他們無法注意到客戶行為是否偏差。因此，就算審計員和客戶的關係完全是虛構的，都會扭曲審計員的判斷。此外，我們找了四大會計師事務所裡真正的審計員複製了這項研究，結果很相似。無庸置疑，若長期有生意往來，而且牽涉了好幾百萬美元，這對評斷的能力一定有很強的影響。

當客戶做出不道德的行為時，審計人員看不到、客戶自己也看不到，原因都一樣。誰付錢就偏哪邊，這會讓審計人員沒辦法和客戶保持距離。從行為倫理學的觀點來看，如果沒有這種動機存在，審計人員就會愈來愈像他們的客戶，所以，他們就不可能看到客戶的行為裡有哪些不道德的成分，或是有哪些偏見。客戶的有限道德感因此轉移給審計人員了。

動機型閉一隻眼似乎在很多情況下都會讓我們看不到別人不道德的行為。例如棒球界普遍使用類固醇的現象。二〇〇七年，舊金山巨人隊的貝瑞·邦茲超越了漢克·

阿倫成為職業生涯中轟出最多全壘打的球員，這或許是大聯盟最有價值的紀錄。現在執法單位、球迷和大聯盟都在懷疑邦茲的表現真的超越阿倫了嗎？很多人相信邦茲服用了類固醇或其他禁藥來提升表現，特別是在他長期配合的教練因為提供類固醇給運動員而遭到起訴之後。其他棒球大聯盟的超級巨星也受到懷疑，包括巨砲索沙、火箭人羅傑．克雷伊門斯、老爹大衛．歐提茲、曼尼．拉米瑞茲等人。二〇〇九年，大聯盟已知超過百名球員測出禁藥反應的事實才浮出水面。球迷曉得以後會氣這些作弊（而且被抓到）的球員玷污了這項運動。可是棒球大聯盟競賽的本質、相關的財務獎勵、鬆散的藥物管制都提供了誘因，誘使球員服用類固醇。

事實上，許多球員或許認為如果他們不用類固醇就會處於不公平的劣勢。矛頭應該要指向大聯盟主席、舊金山巨人隊、還有球員協會。這些團體都沒有調查邦茲和其他球員的體型、表現、能力為何變化神速。體育記者和許多球迷都知道棒球大聯盟素來有類固醇的問題，為什麼主席、球團或球員協會沒有正視這個問題？我們相信答案就在於：若邦茲等人服用類固醇，那麼至少在短期之內，這些團體有利可圖。服用類固醇就可以轟出全壘打，有全壘打就會有觀眾，觀眾增加了，聯盟、球團、球員的利

圖4：1990至2009年每一年最多全壘打的前三名打數

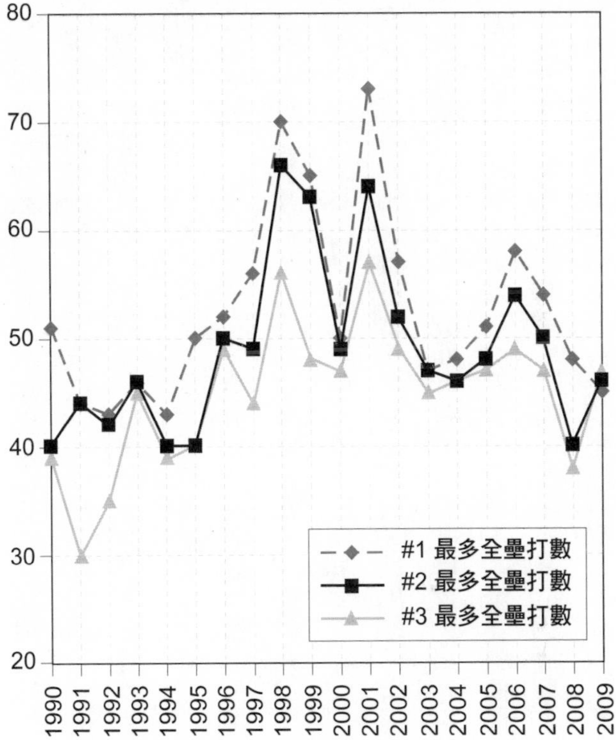

潤也隨之提升。這些利益讓大聯盟的管理階層不會注意到他不想看到的問題。

運動員服用禁藥容易被發現嗎？你看看自己就知道。我們在圖四畫出了一九九〇年至二〇〇九年每一年最多全壘打的前三名打數。高峰出現在一九九八年和二〇〇一年，通常此時被認為是棒球界類固醇使用年代的高點，這兩年的數據應該就足以作為參考（配合其他證據），讓大聯盟採取行動。若要排除該年代有些超強選手扭曲了結果，我們把一九九一年至一九九四年間最多全壘打的冠軍打數平均之後，這個數字是四十四。接下來我們數了一九九八至二〇〇一年類固醇年代裡每一年打出四十四支全壘打以上的球員有幾個。一九九八年有十個、一九九九年有八個、二〇〇〇年六個、二〇〇一年則是九個。他們全壘打的紀錄都超過了一九九一年至一九九四年的平均。這個簡單的算數就可以看出在類固醇年代裡把球轟出場外的打者數量多麼不正常，而且要發現不尋常的統計數字應該也不難。

動機型閉一隻眼會讓社會中比較高層的人做出他們自己若有察覺也絕對不會原諒的事。例如震動天主教會的兒童性侵案。為什麼性虐事件可以延續數十年，教會高層卻沒有阻止？舉一個令人震驚的例子，前波士頓羅賓納樞機主教放任他的教區裡發生了多起虐童案，但是都沒有採取行動。他在法庭紀錄中承認他知道當地神父約翰．吉歐根的罪行。這位神父後來因為戀童而被判有罪，但是羅賓納樞機主教讓這位神父繼續回到教區工作。羅賓納樞機主教也承認他繼續讓詹姆士．佛里（James Foley）持續在教會裡面任職，儘管他在一九九三年就知道佛里和教區裡的女子生下了兩個孩子，而且一九七三年當這名女子試圖吞藥自殺的時候，佛里還逃離了現場。羅賓納樞機主教讓其他罪犯和破壞教會規則的人留在他的教區裡。讓人更百思不得其解的是，羅賓納樞機主教過去非常積極參與民權運動，也奉獻他的生命來幫助別人。這些證據都顯示出羅賓納樞機主教是個有道德感的人，但他卻在權責之內做出了不道德或甚至是可能非法的決策。為什麼他能容忍非法的虐待行為？羅賓納樞機主教作證時，回顧道，他在決定要不要把施暴者留在教會裡的時候，是根據過時的醫學與心理學建議來判斷他們能不能停止暴行。很可能羅賓納樞機主教認為像吉歐根這樣的神父可以控制自己的行為。也很可能羅賓納樞機主教因為希望這些施暴者痛改前非，導致他看不到明顯的證據，發現不道德的行為和犯罪行為會一再重複。

前教宗本篤十六世也被指控掩蓋天主教會裡的性侵案，包括他在最後一刻才把被指控的神父調到其他教區，並強調其對教會的高忠誠度超越了真正符合倫理道德的行為。我們沒有要幫虐待兒童的行為找藉口，只是相信很有可能是教宗對組織的忠誠度已經蒙蔽了他的視線，讓他看不到這些行為有多麼嚴重。動機型閉一隻眼不是要替不道德的行為辯護，而是提供一種心理學的解釋，來說明不道德的行為如何發生。

這些例子和其他各種例子都可以顯示，我們不只看不到自己不道德的行為，也看不清身旁的人做出不道德的行為。我們之所以會睜一隻眼閉一隻眼，動機有很多，包括了恐懼、誘因、組織忠誠度、組織文化等等。要讓我們的行為更道德，我們必須要移除眼罩，檢視這些力量對我們的判斷有什麼影響。

對間接行為閉一隻眼

假設你公司有件商品動得很慢，客戶沒幾個，但就算你提高售價，這些死忠的客戶也願意多付一點。而且，這個產品只有你們才能生產，壟斷了市場，而客戶需要靠你的產品才能維持健康，所以你的客戶簡直任你宰割。而你也知道如果大幅提高產品價格會破壞商譽，讓你損失更多。這個問題你打算怎麼解決？

默克藥廠在二〇〇五年八月找到了答案。默克把一種銷量很低、但很有效的抗癌藥物鹽酸氮芥（Mustargen）連同另一種抗癌藥物可美淨（Cosmegen）賣給一間規模較小的藥商歐維迅（Ovation）。鹽酸氮芥是一種治療淋巴癌的化療藥劑，全美使用的病患不到五千人，為默克藥廠帶來的年銷售量僅一百萬美元，所以就被轉手賣給歐維迅了。乍看之下，默克藥廠好像找到了有效的方法，移除了這個只能慢慢賣的商品生產線，可是其實默克的問題不在於製造鹽酸氮芥，因為默克把鹽酸氮芥和可美淨的權利賣給歐維迅之後，仍以外包廠商的方式繼續為歐維迅製藥。如果生產小量產品很沒效率，那為什麼默克要繼續製造鹽酸氮芥？

我們來看看默克和歐維迅完成交易以後的發展：歐維迅把鹽酸氮芥的價格提高了十倍，可美淨的價格更漲了十倍以上。原來可見度比較高的大藥廠常有公關顧慮，無法提高藥品價格，歐維迅就會從他們手中買下市場很小的藥品。歐維迅在另一樁交易裡買下亞培的泛血紅素（Panhematin），也漲價了快十倍。亞培仍繼續製藥。默克決定把鹽酸氮芥和可美淨賣給歐維迅，就表示高層比較想在媒體上看到「默克把兩種藥品賣給歐維迅」，而非「默克坑殺癌症病患，藥價漲幅一〇〇〇％」。

默克是怎麼想出這麼高明的策略？默克能成功是因為人類的直覺不會要求個人和組織為間接的不道德行為負責。就算有資料顯示出不道德的意圖很明顯，我們還是會讓那些做出不道德行為的人逃過制裁。請注意我們不是在評論讓癌友所需的抗癌藥物漲價這件事情道不道德。事實上，我們一般認為製藥產業有夠高的利潤，才能創造出這麼多厲害的藥物。可是，我們要知道「看見」間接的不道德行為有多難；這項察覺能力可以協助我們辨識出哪些人或組織在降低透明度。如果默克確實認為抗癌藥物漲價十倍會引來負評，我們相信這種透過歐維迅中間商來漲價的行為，在多數人眼中都是一個狡猾的不道德策略。默克這種明顯的伎倆通常都能奏效，其他類似的策略也可以，因為只要有個中間人，大眾和媒體往往不會注意個人和組織的勾當。

我們多數人都無法要求個人和組織為間接的不道德行為負責。麥斯和他的同事曾經透過實驗研究來測試這個主張，他們設計了實驗，來模擬默克案例的環境。受試者要先讀這一段：

大型藥廠甲方有一種利潤很低的癌症用藥。固定成本很高，市場很小，但是對有在服藥的病患來說是必需品。這間藥廠的成本是每錠二．五美元（已計入所有開銷），售價是每錠三美元。

接下來受試者分兩組，第一組要衡量下列行為是否道德：

一、大型藥廠把價格從每錠三美元提高到每錠九美元。

第二組要考慮不同的做法是否道德：

二、大型藥廠甲方把權利賣給規模較小的藥廠，為了平衡開銷，乙公司將價格調高為一錠十五美元。

如我們所料，第一組遭受的評論比第二組猛烈，儘管第一項決定對病患的財務衝擊比較小。請注意這些受試者都只看到了一項決定（實驗研究人員稱為「受試者間設計」）。我們接下來給第三組同時看兩項決定，請他們判斷哪一項比較不道德。這時風向就變了：他們可以比較兩種情境的時候，參與者認為第二項決定比較有道德問題。這項發現符合許多研究的結果，當兩種情境可以「一起」或「聯合」評估的時候，會讓人思考比較透澈，也更為理性。可是在真實世界裡，多數道德存疑的行為都只會單獨出現。

若我們把製藥換成其他領域，如土地污染和污染控制等等，結果也一樣。我們經常發現當受試者單獨評斷一個選項的時候，只要企業透過中間商來行動，受試者就會大幅低估他們的不道德行為。可是若他們能夠比較間接行為和直接行為的話，就會看到中間轉了一手，便能直接評估這個行動所造成的傷害。此外，在間接的環境裡可以讓藥廠的意圖更透明可見，參與者便能確定這間企業很清楚知道自己把藥賣出去可以從中獲利。就算是在很透明的情況下，若參與者只能單獨看到間接行為，他們還是會覺得：和直接行為相比，間接行為比較不會失德。

經濟學家路克．卡夫曼（Luke Coffman）為了確認當有人直接或間接做出不道德的行為時，別人會如何懲罰他們，而把我們的問題設計成實驗遊戲。路客創造了「四人獨裁者遊戲」。比較常見的兩人獨裁者遊戲是甲方有一筆錢，他可以選擇給乙方多少——全部、一部分或一毛錢也不給。乙方只能被動地接受甲方的決定。

在路克的遊戲裡，甲方有二十四美元，他可以選擇要不要當獨裁者，自己決定給乙方多少錢，或是他可以把獨裁權賣給丙方，甲方和丙方議價。若丙方決定向甲方買下獨裁權，丙方就可以當獨裁者，決定要給乙方多少錢。最後一步是丁方有機會可以懲罰甲方（但不能懲罰丙方），減少甲方最後的報酬。

如我們所料，當甲方決定留在遊戲裡（不賣出獨裁權），而且只給乙方一點錢，通常會被丁方懲罰。罰款的金額通常和甲方決定留多少錢給自己有關。更值得注意的是，這和我們的研究結果一樣，當甲方把獨裁權賣給丙方，而選擇不要當個貪心的獨裁者，丁方就會大幅降低罰金。也就是說，直接做出不道德行為的人會比間接者受到更嚴厲的懲罰。就算乙方得到一樣的傷害，甲方直接或間接獨裁所受到的懲罰卻不一樣。後來的版本裡，甲方能完全預測丙方的決定會對乙方造成多少影響。

這種行為倫理研究顯示若決策者處於可以預測的情境裡，且採取間接行動時，那麼觀察者就會產生間接盲點，不去制裁他們所造成的傷害。組織成員經常把不道德的行為指派給其他成員來進行。例如，經理會跟屬下說「不計代價」去完成製造生產或達成銷售目標，創造了空間，讓侵略性或甚至不道德的戰術有機可乘。美國的企業把製造生產委託給便宜的海外承包商，因為當地的勞力比較低廉，而且環保道德規範較鬆。會計事務所的合夥人提醒初階審計人員要留下記帳程序不合規的客戶。在許多情況下，若別人的行為很間接，人們就看不出這個行為有什麼道德問題。

我們還有另一個例子。麥斯住在波士頓，他是個鐵桿球迷，不喜歡作弊的人。因此當二〇〇七年國家美式橄欖球聯會舞弊的時候，麥斯很失望。新英格蘭愛國者隊那一年可說是史上最強的球隊，可惜這隊備受矚目的總教頭比爾．畢利契克（Bill Belichick）公然作弊，威脅了球隊的名聲。二〇〇七年球季剛開打的時候，新英格蘭愛國者對上紐約噴射機（實力很弱的一隊），畢利契克卻指揮助理去拍攝噴射機隊的防守手勢——這顯然違規，而且畢利契克也心知肚明。國家美式橄欖球聯會主席羅傑．古戴爾（Roger Goodell）罰了畢利契克五十萬美元，愛國者隊二十五萬美元，而且愛國者隊失去了一位選秀時挑中的高價值潛力球員。

當然，畢利契克有錯。那擁有愛國者隊的卡夫家族呢？他們雇用了畢利契克，鼓勵他贏得比賽，而且在這個事件之後完全沒有批評教練。媒體幾乎沒有質疑卡夫家族的道德倫理，愛國者隊的球迷也不是很在乎這個世家的行為。卡夫家族對這件事保持沉默就是間接的不道德行為，因此也沒有受到注意。

當大家包庇部屬的不道德行為時，他們就脫不了干係。他們的沉默代表著自己認為不道德的問題只有被抓包的時候才有問題。當所有的證據都顯示出組織容許不道德的行為時，我們就應該要求企業高階主管為員工的行為負責。很可惜，行為倫理學的研究已經提供了充足的證據，只要是間接的舉動，外界的人很容易忽略行為者有多不道德。

斜坡上的不道德行為

有個寓言說如果你把青蛙放進一鍋滾水裡，青蛙會立刻跳出來，但如果你把青蛙放進一鍋溫水裡慢慢加熱，青蛙就不會明顯感受到水溫差異，然後就被煮熟、死掉了。這個寓言雖然不正確，但可以以此比喻道德標準若是緩慢地侵蝕、崩解，大多數人都不會注意到這個現象。

我們在前一章提過，人類的不道德行為通常就像發生在斜坡上。當自己打出擦邊球，我們都會幫自己找臺階下，然後允許自己慢慢地做出愈來愈不道德的事。行為倫理學研究證實了人們普遍不會注意到別人的不道德行為在斜坡上逐漸惡化。除了馬多夫的連結基金之外，廣大的專業投資社群和美國證券交易委員會都沒有注意到他的基金表現根本不可能是真的。為什麼他們沒注意到？一部分是因為動機型睜一隻眼閉一隻眼，另一部分則是因為這個騙局發展得很慢，長達十五年。當詐騙案發生在緩坡上，馬多夫所宣稱的報酬率根本不可能，卻也不會被注意到。

事實上，別人的不道德行為縱使明顯啟動了警示訊號，很多人還是會忽視。獨立金融詐騙案調查員哈利．馬可波洛斯（Harry Markopolos）從一九九九年開始不斷試圖提醒美國證券交易委員會：馬多夫不可能在合法情況下創造這麼高的收益。可是所有的跡象都顯示出美國證券交易委員會沒有認真看待這些正確的警告。因此，雖然馬多夫的詐騙金額高達五百億美元，卻要等到這個詐騙大亨自首的時候才見光。

現在大家可以想像一間大型會計事務所（或許是安達信）的會計師要負責稽核信譽卓著的大客戶（或許是安隆）。過去三年來，客戶的財報品質都很好，也符合道德倫理規範。因此審計人員能夠核准財報，也和客戶維持非常好的關係。不過，隔年，這間公司的財報有明顯的瑕疵，在許多方面都灌水而且還違反法律。

再想像另一個情境，這一次，審計人員在第一年就發現企業遊走在法律邊緣，可是沒有犯法。隔年，這間企業更不道德了，很多項目未達聯邦審計的標準，但是不嚴重。第三年，不符標準的現象更加嚴重。第四年，會計事務所發現了和上一個情境裡一樣的嚴重違法現象，客戶顯然突破了道德底線。負責稽核這間企業的會計師在兩種情境裡會有什麼反應？

在第一個情境裡，審計人員或許會根據政府規範，拒絕簽核財報。而在第二個情境裡，審計人員或許比較不會注意到同樣嚴重的道德瑕疵。換句話說，第一個情境裡的審計人員比較有可能會拒絕簽核，第二個情境裡或許不會拒絕，儘管兩個情境裡，到了最後一年，客戶做出了同樣的違法行為。我們和梅西克與吉諾一起進行研究，探討「斜坡」模式能不能解釋我們為什麼經常忽視了別人很過分的行為。我們透過實驗研究，以類似上述兩個情境的模擬，發現如果別人的不道德行為是漸漸惡化，而非忽然產生的，那麼多數人都不會察覺到改變。

本章一開始就提到了傳球的影片，這種視覺研究顯示出變化就算出現在眼前，我們也常常忽略。在一項調查我們「看不出變化」的研究裡，實驗人員捧著一顆籃球，攔下路人，請他們報路。每個路人在指點方向的時候，一群研究助理從中間切過去，同時，實驗人員把籃球交給其中一人。等路人解釋完要怎麼走之後，實驗人員問他們是否注意到他說話的過程中有沒有什麼變化，多數人都說他們沒注意到任何變化。可是如果直接問他們是否看過籃球，他們都會想起確實曾看到籃球，甚至還有人能描述那顆球的特色。儘管路人都沒有清楚地注意到面前這個微小、漸進（但明顯）的變化，但若要他們認真回想，還是可以察覺出來。同樣地，很多馬多夫的投資者現在都能回想起他們早該在馬多夫自首前就注意到的證據。

「看不出變化」的科學研究著重於視覺感受。大家也不會注意到環境裡其他會導致重大決策失誤與道德後果的變化。因此，如果別人的不道德行為是慢慢增強的，大家都不會注意到，這個現象應該要讓我們更謹慎地去察覺逐漸失德的行為。

重視結果更勝於過程

我們來看看第一個情境：

一名藥廠研究人員定義出清楚的程序，來判斷是否把臨床病患計入研究裡的數據。他時間不夠了，沒辦法在公司的預算範圍內蒐集到足夠的數據。眼看期限將至，他發現分析時因為技術問題刪掉了四位病患的數據。而他認為這四位病患的數據其實可以用，當他加入這幾筆數據之後，研究結果從統計上的不顯著水準變成了顯著水準。於是他便把這幾筆數據加進去，很快地，這個藥品就上市了。然而過一陣子，該藥品卻必須下架，因為造成了六人喪生、數百人受傷。

你覺得這研究員有多麼不道德？

再來看看不太一樣的情境：

一名藥廠研究人員定義出清楚的程序，來判斷要不要把臨床病患計為研究裡的數據。他時間不夠了，沒辦法在公司的預算範圍內蒐集到足夠的數據。他相信這個產品安全有效。眼看期限將至，他發現如果能增加四筆數據，分析結果就會更顯著。他虛構了四筆數據，很快地，這個藥品就上市了。藥效很好，這個藥很賺錢，幾年過了都沒有明顯的副作用。

你覺得第二個案例裡的研究員有多麼不道德？哪一個案例比較過分？

我們給你看了兩個案例，在研究中，我們把受試者分為兩組，每組只看到一個案例。第一組對研究人員多有責難，而且也認為第一個案例裡的研究人員要受到較嚴厲的處罰。可是，相信你也發現了，其實第二個案例裡的研究人員比較不道德。

為什麼大家會覺得第一個案例的行為比第二個更過分？「結果偏誤」提供了答案。「結果偏誤」指出我們在評估決策人員所採取的決策過程時，會把結果納入考量，但這做法在邏輯上說不通。決策研究者強．拜倫（Jon Baron）和傑克．賀許（Jack Hershey）率先發現，不管是在簡單的賭博實驗或醫療決策裡，大家都會從結果來判斷決策者的智慧。

我們在行為倫理學裡的研究發現，人們也會根據此項行為造成多少傷害來判斷是否合乎道德，而不是單純評估這個選擇的道德水準。就像我們稍早提過直接與間接影響，一次看一個案例的話，大家就會被結果偏誤所影響。

顯然，如果能看到兩個差異顯著的版本，我們就有能力可以避免結果偏誤，更注意兩位研究員的行為，並加以比較。當我們透過實驗來進行，大家都認為第二位研究員比較過分。可是，就像剛剛提過的，大部分情況下，我們只會看到其中一個情境，就要加以評估。長期以來，哲學家都在爭辯我們該用規則還是結果來判斷道德行為。我們希望這個古老的辯題能持續激烈地爭論下去。不過，當我們從結果來評斷一個行為，而不考慮其他選項或情境時（如藥廠研究人員的例子），那麼評斷的結果並不能反映出當事人潛藏的意圖。

結果偏誤也深植於我們的法律條文內。心理學教授菲利．庫什曼（Fiery Cushman）和他的同事曾經講過一個故事，強恩和麥特兩兄弟都沒有犯罪紀錄，而且槍法和脾氣都不好。這時候有個人挑釁兩兄弟，還侮辱他們全家。強恩說非殺了他不可，掏出槍，結果沒射中，那人毫髮無傷。麥特只想要嚇嚇這個人，掏出槍，結果一槍斃命。庫什曼和他的同事發現在美國多數州裡，麥特的刑期都會比強恩長很多。換句話說，法律重視結果更甚於犯意。

庫什曼和他的同事進行了一場精采的實驗，來呈現這個假想的法律案件與結果偏誤。將實驗本質簡化後，你可以假設現在你面前有兩種選擇。在實驗過程中，你不認識你的對手。

甲方案：你負責擲骰子，如果骰出一、二、三、四，就可以獲得十美元，對方拿不到錢。如果骰出五，你們各得五美元。如果骰出六，對方獲得十美元，你拿不到錢。

乙方案：你負責擲骰子，如果骰出一，便可以獲得十美元，對方拿不到錢。如果骰出二、三、四、五，你們各得五美元。如果骰出六，對方獲得十美元，你拿不到錢。

請注意：甲方案是比較貪心的選擇，因為你有比較多機會（實際上是六分之四的機會）可以自己獨得十美元。相較之下，乙方案比較公平，至少多數情況下，有四次的機會你們雙方可以平分十美元。不管你選擇哪一個方案，都有可能得不到錢，或拿到五元、十元，只是機率不同。

你選擇方案後，擲骰子、拿錢。庫什曼的研究團隊讓對方來懲罰選方案的人，也就是你，他可以扣掉你的獎金，自己的收入則不會減少。結果很有趣，對方在決定罰金時通常比較注意結果——但這部分是由骰子隨機決定的——跟選擇方案的人是否公平無關。舉例來說，如果你想要公平一點，選了乙方案，可是擲出一點，那對方很有可能會懲罰你。相較之下，選擇甲方案、但擲出五點的人，則不太會被懲罰到。

這些結果讓我們清楚地看到人類會過分嚴厲地責怪那些理智做決定和結果很不幸的人。用結果來論斷決策會讓問題更複雜，因為這表示我們通常會在許久以後——往往要等到壞結果發生了——才譴責當初不道德的行為。現在很多人懷疑布希政府在二〇〇三年出兵伊拉克的決定是否道德，包括布希政府用錯誤的方式呈現出某種「事實」來促成這場戰爭。可是戰事告捷的時候，美國對於出兵的批評很少，等到戰爭一直拖下去，才開始有愈來愈多人質疑布希政府戰前的戰術，像是在沒有根據的情況下就宣稱伊拉克有大規模毀滅性武器。結果偏誤能部分說明為什麼很多人先保留意見，等到結果出爐了，才批評宣戰的決定。我們通常不會注意到不道德的行為——只有在發生傷害之後才加以譴責。

我們現在從另一個層次來分析審計員的案例。數十年來，美國會計事務所既提供客戶審計服務，也提供顧問服務。如我們之前所述，這個情況在邏輯上和心理上都會影響查帳結果的獨立性。早在安隆瓦解之前，就有充足的證據顯示現有結構會破壞審計專業的道德倫理。儘管有許多證據可以看出審計已經無法客觀獨立，而業界普遍認為審計必須客觀獨立才可靠，但是卻是等到安隆、泰科國際與世界通訊都發生弊端，美國政府才注意到審計人員的利益衝突。只有當這些非常糟糕的結果發生，才能讓我們的立法委員注意到問題。可是，後續的改變設計很糟，也不足以解決這個核心的問題，我們在第七章會探討更多原因。

結果偏誤和「可識別受害者」的研究有關。「可識別受害者效應」就是說如果受害者不是一串統計數據，而是活生生的人，那麼大家會比較關心和同情。可識別的受害者是特定的人，但統計上的受害者只是一群陌生人。大家會比較關心特定的受害者，儘管我們對這個受害者可能認識不多（例如，只有名字）。假設同一個不道德的行動可能會傷害一個可識別的受害者、一個無法識別的受害者和完全沒有受害者，我們往往會因為不道德的行為沒有產生受害者，所以就不會注意到這行為的存在；統計數據上的受害者也會讓我們比較無感。這評斷的差異也是受到結果的影響，包括我們能不能感受到是誰受害。明明不管我們能不能識別受害者，加害的行為都一樣。

曾經在高盛集團公司任職的諾琳．哈靈頓（Noreen Harrington）揭發了共同基金延遲交易的弊案，她會變成吹哨人就足以說明，當我們無法識別自己不道德的行為會傷害誰的時候，這種行為就會持續下去。這樁弊案牽涉到兩種很有問題的做法：延遲交易是指營業日當天在證交所下午四點以後的交易，國際基金會利用時差來爭取價差，這合法但違反了基金交易的規定，因為這種靠反應時間來獲利的方式犧牲了長期持有者的利潤。哈靈頓說在她吹哨之前，她覺得：「這行業在看不到臉、不知道名字的情況下運作……吃這行飯的人都這樣看待投資戶。你看不到他們的臉。」可是當她姊姊請她提供投資建議的時候，她就不這麼想了。諾琳認為她姊姊是她見過最認真、勤奮的人，而姊姊很擔心退休金帳戶裡的損失會讓她無法如期退休。忽然間，諾琳「從一個完全不同的格局和視野來看待問題了」，她說：「我看到了一張臉——我姊姊的面孔——我看到了所有把資產放在退休金帳戶裡的人。那時候我義不容辭，覺得自己必須讓監管人員看到這些陋習。」

在我們自己的行業，也就是高等教育界，也會受到結果偏誤影響。第三章提過「團體偏私」，討論到校友的孩子即使資格不符也會被大學錄取。讓我們意外的是，很少評論員公開反對大學錄取資格不符的「權貴後裔」。這項措施的道德倫理可議，但是卻極少受到抨擊，有可能是因為大家很難識別這個做法到底害了誰——誰因此沒大學可念。因為世襲錄取措施的受害者只是統計數據，而不是有名有姓的申請者，人們通常沒辦法感受到這些做法帶來了傷害，該負責任的人就不會受到檢驗。有時就算我們能看出這些措施在理論上會帶來負面的結果，我們也會因為資訊不夠生動明確、不知道究竟是誰受到傷害而被蒙蔽。

行為倫理學研究認為，多數人都想要採取有道德倫理的行動，可是我們還是會做出不道德的行為，因為種種偏誤影響了我們的決策——而我們或許不知不覺。如本章所述，這些偏誤不只會影響我們自己的行為，也會造成我們沒有能力識破別人的不道德行為。說明了人類心智在道德領域會犯的系統性錯誤之後，接下來的三章都會運用這項知識來探討組織與社會的影響，以及有哪些機會可以改善行為失能的模式。

第六章

「道德組織」的虛幻希望

二〇〇九年，哈佛大學企管碩士班二年級的三十三位學生寫下誓詞，並請其他同學也一起加入。簽署的人發誓一旦進入職場擔任經理人，就要為廣大的利益著想，行為舉措要符合道德倫理，並且在組織內部迴避自身利益（詳閱下一頁的誓詞）。短短幾週內，哈佛大學企管碩士二〇〇九年班的同學有一半都簽了。這活動如病毒般散播開來，全球不同企管碩士課程的在校生和畢業生都紛紛簽署。很多人認為這份誓詞帶來了希望，表示新的企管碩士在抗拒龐氏騙局和美國國際集團的弊案，也象徵著企業社會責任的新世代。

這份誓詞讓大家注意到企業倫理，當然功德無量，但這份誓詞也引來不少批評。「發誓又不花錢，」哈佛大學企管碩士二〇〇九年班的史考特．霍利（Scott Holley）簽署了誓詞，但他對《彭博商業周刊》表示：「只要你照稿唸一遍，就沒事了。」霍利認為這份誓詞不太會影響經理人的行為，而且他還相信如果未來任何簽署人涉入了道德弊端，這誓詞就是個偽善的象徵。霍利懷疑那些簽署誓詞的人都無心遵守。其他評論者則發現這份誓詞的範圍太廣，創造了許多互相衝突的目標——像是要平衡股東利益，又要保護自然環境——這種衝突很難化解。有些人則表示如果組織領袖做出了不道德的決定，破壞了經理人自己的善意，那麼這份誓詞根本沒有意義。

企管碩士誓言

身為一名經理人，我會連結眾人與資源，創造出個人無法獨立創造的價值，為更大的利益著想。因此我會尋求途徑，提升企業長遠能為社會創造的價值。我很清楚自己的決定能在今日與未來，深遠地影響企業內外眾人的幸福。當我協調不同團體間的利益時，將會面臨困難的選擇，這對我和旁人來說都不容易。

所以我承諾：

- **我將**誠實正直，以符合道德倫理的方式來完成工作。
- **我將**守護股東、同事、顧客與社會的利益。
- **我將**秉持誠意與善意來管理企業，避免個人狹隘的企圖心傷害企業和社會。

・**我**本人與企業**將**受法律和合約所規範，我理解並遵守其中所有的文字與精神。

・**我將**為自己的行為負責，並且將誠實、準確地呈現企業的表現與風險。

・為了讓企管專業不斷成長並為社會貢獻，**我將**栽培自己和帶領的其他經理。

・**我將**持續在世界各地創造永續的繁榮經濟、社會、環境。

・**我將**督促同儕實踐誓言，他們也將督促我持續履行誓言。

我自願以我的名譽起誓。

現在很多企業和機構花了很多錢和時間來提升他們的道德水準，這現象或許能和負面看待誓詞的觀點抗衡。企業提升道德倫理的措施，包括訂立倫理規範、設立道德監察員、提供倫理訓練等都是為了要傳遞組織價值，以及組織期待員工符合的倫理標準。此外，合規專案也是一種倫理措施，而且愈來愈受到重視，現在的合規專案也經過設計，要確保組織在道德領域能符合政府的規範。例如，為了回應一九九〇年代的許多弊案，二〇〇二年的沙賓法案要求全美的九千間上市公司都要雇用「企業內部的看門狗」——或稱為合規長——在二〇〇二年之前根本沒人聽過這個職稱。昇陽電腦的合規長替員工舉辦了「倫理戰鬥營」，強調企業倫理，教大家如何遵守沙賓法案。這間企業開發了自己的聯邦合規課程，並翻譯為至少九種語言。昇陽電腦的三萬兩千名員工全都必須上課，這是公司開業以來第一個所有人都必修的訓練課程。

運用合規新做法來加強組織倫理的不只有華爾街。《紐約時報》曾表示在大學運動賽事中，「合規長已成為體育部門最重要的員工」。在這個世界裡，違反校際規定會毀了教練、選手和大學的聲譽，愈來愈多人認為，確保所有人「按照規矩來」至關重要。

這些新做法都不便宜。近期有兩百一十七間大型企業受訪後表示，營收所得每十億美元中就有一百萬花在合規新措施上。昇陽電腦的合規新措施總價，包括員工接受訓練的時間、會計與審計人員的費用、主計辦公室產生的開銷合計每年超過六百萬美元。如果這些措施有效，很多人可能會覺得這些錢花得很值得——畢竟對許多公司來說這只不過是零頭。如我們不斷強調，儘管投入了這麼多錢和時間，立了這麼多新法條和規定，不道德的行為似乎還是持續增加。

這些結果雖然讓人失望，卻不意外。如果沒有考慮到有限道德感，那麼就算是利益最良善的誓詞和倫理專案都沒有用。這些倫理專案的問題就是以為員工都知道規範，以及要遵守規範該怎麼做。如第三、四章所述，有限道德感和道德褪色正是造成當局者迷的原因。

誓詞也好、合規機制也好，或是組織鼓勵道德行為的做法全都沒辦法達成目標，無法阻止不道德的行為，還可能會促成不道德的行為。為什麼？因為打造這些系統的人往往忽略了這些專案的架構會如何在無意間影響不道德的行為。這些倫理措施通常都期待透過正式的系統來獎勵道德行為、懲罰不道德行為。這種做法註定會失敗，因為大家對於獎懲會有不同的反應。而且，就算我們能設計出把行為反應考量進去的獎懲系統，那也不夠。重視形式的倫理和合規措施在組織的「道德倫理基礎建設」裡只是冰山一角。潛藏的非正式文化與壓力對員工行為的影響力更深遠。除了探討個人會對合規系統的獎勵有什麼反應之外，行為倫理學更深入組織挖掘：看穿他們的正式倫理措施，探究真正會影響員工行為的非正式系統。

獎勵機制歪了

要理解多數組織的倫理專案為什麼會出問題，我們可以想像有個家長想要鼓勵孩子每天早上自己整理床鋪，家長說小孩只要自己整理床鋪，就可以獲得一顆星星，累積起來可以換禮物、買玩具。家長覺得這個機制很棒，而且很有效。每天孩子都自己整理床鋪。不過，很快地，家長就發現原本小孩都會負責倒垃圾，後來漸漸不倒了。細問之下，家長發現孩子其實也沒有整理床鋪，只是把最上層的棉被攤平而已。

就像鼓勵孩子做家事的獎勵機制，重視形式的倫理專案總是把目標設定為「減少不道德的行為、增加道德行為」，這確實很值得鼓勵，不過這種追求形式的獎勵系統有個前提：參與者會想要知道什麼行為能受到獎勵，加以執行。然而，我們很容易忽略用這種方式來設立目標的缺點，而且有時還會導致嚴重的後果。事實上，目標也會創造出系統性問題，尤其是當這個機制鼓勵員工如下的作為：

一、過分狹隘地重視目標，忽略了目標以外的領域；

二、從事危險行為；

三、重視外在誘因，失去內在驅動力；

四、比沒有獎勵的時候更容易進行不道德行為——我們認為這點最重要。

想想金融危機和不良的獎勵系統之間有什麼關係。前總統柯林頓當初的目標是增加屋主的數量，獎勵潛在買家與借款單位。據《彭博商業周刊》編輯彼得．考伊（Peter Coy）表示柯林頓政府「荒謬地把這個政策執行到不遺餘力」，為了增加美國房屋的持有率，主打「只要少少的頭期款」，並促使借款單位提供貸款給資格不符的買家。「現在可以清楚地看出來放款標準受到侵蝕之後，因為需求增加了，所以房價漲了，」考伊寫道：「結果導致許多原本就不應該買房的人沒辦法還貸款。」

增加美國屋主的比例或許是個值得鼓勵的目標，如果真的辦到了，可以創造出更公平、正義且合乎道德的社會。可是柯林頓和其他推動這個目標的人都忽略了目標會改變行為，而且通常會意外地產生大家都不想要的結果。在這個例子裡，為了增加房屋持有率，結果刺激消費者做出高風險的決策，促使銀行在放貸的時候降低道德標準。而這一系列差勁決策的核心，就是低利率和低頭期款等刻意規畫的獎勵制度。

過去政府也嘗試過要推廣道德行為，希望大家揭露不道德的行為，所以在一八六三年通過《虛假申報法》，追查南北戰爭期間無良承包商向聯邦軍銷售劣質軍火的詐騙案。和美國政府沒有關連的個人和組織若懷疑有任何人或聯邦承包商曾經直接或間接詐騙政府都可以舉報。這項法案的目標就是要鼓勵公民吹哨，揭發政府不曉得的不道德行為。吹哨者向美國聯邦地區法院提出訴訟文件之後，司法部就會展開調查，決定要不要追查下去。根據《虛假申報法》規定，政府追回的金額會提供一定比例來獎賞吹哨者，最高可達三〇％。有的案件很大，獎勵金額自然不低：天合汽車的案子才剛結束，天合汽車把有瑕疵的電子零件賣給政府，這消息被一位科學家給洩漏，最後罰金是三億兩千五百萬美元，其中四千八百八十八萬美元就是對吹哨者和律師的獎勵。

顯然，《虛假申報法》用意良好，當初設計來提供公民強烈的誘因，讓他們願意承擔生活中與職場上的風險來舉報詐欺案。不過，根據總罰金來提供獎勵其實會鼓勵那些有意吹哨的人晚一點通報，甚至會主動推展案情，就是為了要累積更大的傷害，這樣他們才能分得更多。獎勵系統的缺陷反而讓人更墮落，原意是要讓人舉報犯行，卻可能會促成不道德的行為。

組織和政府領導人要推動獎勵機制之前，有責任分析員工和公民可能會有什麼反應。不過從上述的例子可以看出來，建立獎勵系統的人往往無法考慮到為了完成目標，獎勵系統可能會讓決策者忽略了其他方面的道德問題。獎勵系統會鼓勵「不計代價」的心態，這種態度催化了不道德行為的效果相當強大。獎勵機制會很有效地讓人把注意力放在「目標」上——符合規範和合作後，可以領到的獎賞——結果讓人忽略了他們在達成目標時所用的手段。如第五章所論，棒球大聯盟的競賽與獎勵制度會鼓勵球員和經理不計代價要贏得比賽，結果因此看不到球員普遍使用類固醇的問題。球員靠技能賺錢的黃金歲月相當短暫，長年來，使用類固醇所受到的處罰非常少，或甚至不會被抓到。

企業影響道德倫理的方式非常多，其中好幾種看似和道德倫理沒有顯著關連——

要等到不道德的行為發生，並且傳了出來，大家才曉得。一九九〇年代初期，美國西爾斯公司曾要求汽車維修人員每小時的業績目標要達到一百四十七美元。為了達成這個目標，員工紛紛超收服務費、增加不必要的維修服務。這個醜聞被揭露之後，當時的總裁愛德華·布瑞南（Edward Brennan）承認「為服務專員設定目標的流程創造了一個讓錯誤發生的環境」。顧問公司、會計事務所和法律事務所累積可收費時數的做法也會創造出類似的誘因，引人墮落。員工最後會執行昂貴又沒必要的專案，才能累積足夠的時數，完成不切實際的目標。

心理學家貝里·斯托（Barry Staw）和理查·伯特格爾（Richard Boettger）有效地證明了當我們被要求得專心完成一項目標的時候，會發生什麼事。他們請大學生檢查一段文章，說那是商學院招生手冊裡要用的文案。其中有的文法錯誤，也有誤植的內容。他們要求其中一群學生「盡力」修改這篇文章，而請求另一群學生專心改出文法錯誤。研究人員發現「要盡力」的學生找到了比較多文法和內容的錯誤，而要挑出文法問題的學生則只看到了文法錯誤。狹隘的目標——找出文法錯誤的指令——會讓他們忽略明顯的內容錯誤。

在美國的醫療保健系統，營利的保險公司只專注於一項主要目標——利潤——所以在完成其他目標，如提供醫療服務的時候，就會有背離道德的現象。歐巴馬前總統在二〇〇九年推動健保改革的時候，曾經赴國會演講。他指控保險公司只挑健康的顧客來服務，放棄了那些和疾病對抗的客戶。他提到了羅蘋．碧頓（Robin Beaton）的例子，她住在德州，罹患末期乳癌，而她原本要動的手術都已經安排好，卻因為沒有主動提起自己曾因粉刺問題去看皮膚科，結果手術就被取消了。據歐巴馬所言，保險公司會做出這種不道德的決定就是因為他們這麼做才會得到獎勵。「他們這麼做，是因為這樣才有錢賺，」歐巴馬說：「有一位曾經在保險公司任職的高階主管在國會作證時表示，保險公司不只被鼓勵要找出原因來放棄那些病重的客戶，而且找到了還有獎勵。在這位前任高階主管的口中，這麼做就是為了要符合『華爾街』對利潤鍥而不捨的期望』。」

我們認為保險公司和其他企業確實應該賺取利潤；事實上，我們相信他們應該要營利。不過，同一時間主張獎勵系統過分重視提高利潤的目標，視道德考量如糞土是錯的。

這種只關注一個面向目標的做法之所以會失敗，原因之一是這樣的系統會讓人被外在驅動力牽著走，而不會聽從內在的聲音去做對的事。我們可以回頭去看法律、會計和顧問業累積可收費時數的問題。有些美國法律事務所為了增加透明度，鼓勵員工更誠實記錄他們把時間用在哪裡，所以採取新措施，要求員工更詳細地記錄時間。在某些情況下，這種要求變成了數百個代碼，每個代表一種法務專業人員為客戶進行的特定活動。有人可能覺得這麼鉅細靡遺的紀錄會讓人更誠實記錄，但實際上不見得。很多律師說，這種詳細登錄時數的做法有反效果。光是要判斷特定的研究是屬於「第五．一．二項」或「八．三．一項」就要用猜的，他們說：「這種猜測的時間既然也要記錄進去，那麼就會變成小猜變大猜，然後這個要鼓勵道德行為的系統就失敗了。」

就算員工會考慮多重目標，但是過分重視主要目標也會讓他們認為獎賞少的目標比較不重要。和追求利潤相比，永續經營就顯得渺小了。同樣地，企業為了準時交貨，很可能會犧牲品質。公司每季公布財報也是個一看就懂的例子。研究發現相較於長時間才公布財報的企業來說，每季公布財報的企業都能完成主要目標，讓表現符合或超越分析師的期待。可是，這些公司在研發這一類比較不公開、比較不容易（短期內）獲得獎勵的項目上投資得比較少。這些企業為了每季達成營收目標，就會忽略其他重要的目標，像是長期獲利的能力。此外，很多企業會編造數據來達成他們每季的目標或營收績效，在這過程中就犧牲了長期表現。例如，通用電氣公司曾經謊稱賣了一百輛火車頭而被美國證券交易委員會開罰五千萬美元。實際上這些火車頭都閒置在倉庫裡，很多分析師認為通用電氣造假就是為了要符合或超越當時的營收期待。

獎勵系統通常立意良善，卻沒有效果，因為獎勵系統的設計者在建構系統時，並沒有預期到員工會有什麼反應。獎勵系統把事情想得太簡單，只注意一項目標。若獎勵系統沒有考量到員工會如何達成列出來的目標，就會催生出意外的行為舉動，讓人放棄那些不受到獎勵的行為。就像是孩子整理床鋪有獎勵，就不去倒垃圾了。

組織要怎麼設計出更道德的獎勵系統？最明顯地，在替成員設定目標的時候，一定換位思考，想想這些被獎勵系統影響的人會如何反應。華爾街分析師和其他負責評估企業體質的人一定要思考重視短期收益會有什麼後果。先預測出他們的報告會促成哪些負面的行為之後，決策者或許就會發現自己有沒有忽略了其他也需要獎勵的重要目標，像是誠實記錄。提供準確評估可說是金融系統裡最重要的目標，領導人必須要修正獎勵系統，納入更多可達成的目標與合理的制衡機制。他們如果沒辦法承擔這項責任，在別人眼中，他們可能就是在推廣不道德的行為，或自己也正在做出不道德的行為。

懲戒的意外惡果

除了用獎賞來鼓勵道德的行為，倫理與合規專案通常也會有懲罰機制，企圖要讓人放棄不道德的行為。可是這些專案通常都有反效果，到頭來反而鼓勵了他們應該要制止的不道德行為。安和她的同事梅西克教授發現為了減少不道德的行為而設置合規系統，但最後卻會增加不道德的行為。在一項研究中，受試者要擔任製造工廠的角色，而工廠會排放有毒廢氣。他們聽說自己和其他工廠都受到環保團體的注意，很快就會遭指控排放污染物，未來要修法強制安裝昂貴的「潔淨措施」。受試者發現為了避免環保團體找碴，產業內的製造工廠已經組成團體，同意在工廠運作時，有八〇%

的時間要開啟廢氣處理設備。因為這個方法可以安撫環保分子。儘管廢氣處理設備一直開著很燒錢，可是如果政府修法，未來要合法的代價更高。

每位擔任製造工廠角色的受試者都必須決定他們要遵守諾言開著廢氣處理設備，或是食言縮短廢氣處理設備運轉的時間。假設你現在在甲工廠工作，知道不管自己有沒有開廢氣處理設備，都不會影響環保團體對產業的壓力。為什麼？因為如果每間工廠都遵守約定開著廢氣處理設備，那總排放量一定會降低到環保團體不再緊盯的程度。不管你的工廠是否開著廢氣處理設備，環保團體都會放過這個產業。換個角度，如果每一間工廠都背棄諾言，那麼排放量居高不下，環保團體就會持續關注，就算甲工廠乖乖地開啟廢氣處理設備也沒用。所以，不管其他工廠決定怎麼做，甲知道最划算的做法就是食言，不要開啟廢氣處理設備。

我們對一半的受試者說，這情境裡不存在合規系統——換句話說，沒有任何一間工廠會收到監視，如果他們不遵守諾言也不會被制裁。然後，對另一半的受試者說這裡有合規系統，少部分（五%）的工廠會被隨機監控，檢查他們有沒有遵守承諾，如果犯規了就會被制裁和罰款。

這些受試者選擇合作，還是決定放下道德感？結果，他們要不要食言和有沒有合規系統有關。經濟學家一般認為有罰金的話應該會導致兩種結果：（一）行為不變（也就是工廠不開啟廢氣處理設備），因為罰款金額太小了，不影響企業營運；或（二）罰款金額較高，食言變得比較沒有吸引力，所以大家願意配合開啟廢氣處理設備。在安和梅西克的研究中，卻發生了很不一樣的事。從財務觀點來看，儘管為了避免受罰，食言變得比較沒有吸引力，可是卻造成更多工廠食言了。在沒有合規系統的情境下，過半數的受試者都堅守承諾，同意開啟廢氣處理設備。若是有合規系統，願意遵守約定的不到一半，多數都食言了。

安和梅西克追溯到受試者決定時的觀點，來研判為什麼會產生這樣的結果。沒有合規系統的時候，多數人認為這是個道德決策，這時候大家想著：「怎麼做才對？」相對地，有合規系統的時候，多數人反倒覺得這是個商業決策，這時候大家問自己的問題則是：「我有多少機會被抓到，代價是多少？」因此，設置了合規系統之後，道德感卻褪色了，受試者比較不會把這決定看成是道德問題，於是就比較可能會食言。

要觀察這個現象在其他領域會如何發展，我們可以想想安親班的狀況。很多家長沒辦法準時接小孩回家，為了避免家長遲到，很多安親班就會收延托費。問題解決了嗎？完全沒有。事實上，有延托費**之後**，大家就更晚來接小孩了。延托費不但沒有減少園方不要的行為，反而還增加了。為什麼？因為安親班沒有考慮到大家付錢時的決策過程。忽然間，對爸媽來說，遲到不再是個道德問題了。他們不再覺得準時接孩子是「對的事」。延托費讓他們考慮的是時間不是錢。實際上，延托變成了安親班的另一種服務。

請注意，在這些脈絡下，合規系統根本沒有什麼約束力。工廠付得起罰金，家長付得起延托費，所以就會選擇再加班一下。按照邏輯，接下來就要討論：是不是只有這麼薄弱的合規系統才會讓不道德的行為更加惡化？從我們的研究來看，如果被抓到的機會更高，罰款金額更高，那大家就比較不會食言，會乖乖開啟廢氣處理設備，對嗎？

我們用強度更高的合規系統來測試之後，發現食言的現象減少了，不過也同時發覺結果就和制裁機制較弱的時候一樣，多數參與者碰到較強的制裁機制時，會覺得這是個商業決策，而不是道德決策。

如果合規系統可以達成想要的目標，那就算會導致道德褪色又怎樣？問題在於合規系統失靈或移除的後果。回到安親班的案例，最後安親班取消了延托費，但家長還是很晚來接孩子。我們已經看到了：合規系統會把道德問題轉化為商業問題或實用問題，讓人計算合規的利弊得失。就算合規系統移除了，這個觀點還是會存在。強烈的合規系統移除之後，不合規的代價就沒那麼嚴重了，因為決策中的道德感又褪色了，這時候決策考量的仍是實不實用，越軌的行為這時候就很吸引人了。

除了合規系統會失靈之外，受到合規系統約束的人通常也會想辦法讓這些系統發揮不了作用。大家可以想想「心理抗拒」的現象，也就是個人的自由受到限制的時候，都會產生想反抗的意向。心理學家發現通常要引導別人的行為都沒效，因為當自由受到威脅的時候，每個人都會格外努力地想要爭回來。禁果——不管是小孩可以玩電動的特權或曖昧期的「欲擒故縱」——在越界的時候特別誘人。合規系統也有同樣的效果。員工覺得被管太多的時候，不合規就會變得比較吸引人，單純因為想做的事情被禁了。為了掙脫合規系統的束縛，員工就會想要迴避、欺瞞或削弱合規系統，決心要不計代價地打擊這套系統。

合規系統有時能發揮作用，但失敗率高得嚇人，而且雇主要付出極高的代價。合規系統最危險之處在於扭曲了別人的決策過程。忽然間，員工不會想著要做出對的事，而是專心計算合規和不合規的利弊得失差多少——然後用計智取。

組織要怎麼有效地斬除不道德的行為，而不是讓不道德的行為更嚴重呢？我們接下來會討論到，透過行為倫理學的濾鏡來檢視組織的非正規價值，可以幫我們判斷合規系統能不能發揮作用。經理人也必須要提防陷阱，別用監控、監視、制裁的方式來「逼迫」別人發揮道德。如果組織內使用的框架能強調道德倫理，而不是如何遵守規範，那就能確保員工時時認知到所有決策的道德面向。此外，領導人也應該要鼓勵員工在思考不同的選項時提出這個重要的問題：「這個決策會產生什麼道德後果？」

表現得好就有免死金牌

我們知道有一些非營利組織很認真地想要讓這世界更美好，可是卻營造出成功的假象來誤導他們的支持者。這些組織會選擇有利的數據，或甚至編造數據後才公布。經營管理這些組織的人都很好，如果他們經營的是營利企業，可能不會用類似的方法來誤導大眾。舉例來說，菸業的企業高階主管會刻意提供不實資訊，讓消費者搞不清楚抽菸的傷害。不過，這些非營利組織的經理人可能會強調他們完成的善舉，來讓領導人有藉口可以在表現績效上灌水，為組織的義行多募點款。第一章提過，在實驗研究中，有些人會謊報自己完成了多少數學習題來騙獎金。目前研究發現很多人在為公益活動賺錢，而不是為自己賺錢的時候，更有可能會作弊。

同樣地，道德補償與道德平衡領域內的行為倫理學研究也認為，組織想要鼓勵道德行為的做法往往會增加不道德的行為。根據他們的理論，人往往會做一些補償式的道德行為來維持、平衡自己的道德感。因為道德行為是動態的，當我們做了一件有道德的事情之後，就會覺得自己以後可以做一點不道德的事情。反過來，如果我們做了一件不道德的事情，以後就會想要提高操守。舉例來說，人們若是經過提醒要發揮博愛精神，那接下來公益捐款的金額就會減少。相對地，當大家違反了道德價值之後，他們就比較願意答應別人的要求出手幫忙。安和她的同事最近完成了一項研究，有更多證據來證實這個現象。在研究中，為了讓部分參賽者的道德形象較正面，他們被要求先回想自己做了哪些，像是保護環境或減少破壞環境的事情。顯然地，這一群人與另一群被要求先回想自己較不太正面道德形象的參賽者（例如，他們做了哪些傷害環境或沒保護環境的事）相較之下，前者較不會支持減少碳排放量的活動。

這項發現和揭露利益衝突的例子有關。我們在第五章討論過利益衝突的問題，審計人員等專業顧問往往面對了衝突的誘因，導致他們會包庇不道德的行為，或是自己做出不道德的行為。這種利益衝突的醜聞爆發之後，組織、產業或政府通常回應的方式就是要求顧問必須揭發衝突的利益。美國的沙賓法案要求企業和審計人員要揭穿利益衝突，大家都認為這麼做可以增加透明度，讓企業更誠實。大部分的人都覺得能更坦誠，同時又讓專業人員做出合適的舉措很好。重視公開、透明的原意良好，其基本假設是顧問公開利益衝突的資訊之後對大眾更有利。

很可惜，揭露資訊並非遏止不道德行為的萬靈丹。要求展示資訊不但無法達成原本設定的目標，還可能會對道德行為產生反效果。有個精采的實驗可以說明原因。在實驗中，部分參與者擔任「估價人」，他們要猜猜罐子裡面有多少硬幣。另一群參與者擔任「顧問」，他們要提供估價人建議。顧問可以比估價人更仔細地近距離觀察這個罐子。估價人的準確度愈高、獎金愈高。估價人獲得顧問的建議之後，有幾位顧問是根據評鑑結果的準確度而獲得獎金，有幾位顧問則是根據評鑑結果多高來獲得獎金。顧問在這個情境裡面對了利益衝突，因為他們的獎金不是由準確度來決定，而是由估值泡沫的程度來決定。不意外，第二組顧問提供的估值都比較高。比較值得注意的是，我們研究目的是想知道顧問向估價人揭露了利益衝突之後的發展：這組顧問的估值比較高也比較不準確，此外，估價人就算知道了利益衝突也沒有把顧問的建議打折。所以顧問向估價人揭露了利益衝突之後，顧問賺得比較多，估價人賺得比較少。換句話說，揭露資訊其實增加了利益衝突的負面影響。

增加透明度的目標很理性，但是如果我們沒有考慮到道德補償的心理作用，就會產生意外的後果。在上述的研究中，揭露訊息顯然讓顧問在心理上獲得了免死金牌，可以嚴重地高估罐子裡硬幣的金額。揭露利益衝突就是一種道德行為，接下來大家會覺得可以採取不道德的行為（如高估金額），來維持道德平衡。

道德補償會產生害處，經理人或決策者若要消弭害處，可以把道德標準和不道德標準分開來，完全不容忍不道德行為，且逐漸持續提高道德行為的標準。當領導人和員工溝通時，表達出將道德行為和非道德行為分開來檢視，有不同的標準，那麼道德補償的現象會明顯減少。例如：對不道德的行為設立零容忍的標準，同時建立誠實申報的標準，這樣員工就很難因為做了好事就替自己不道德的行為找藉口。同樣地，當組織持續提高道德行為的標準，員工就很難安逸地停留在「道德平衡感」上。

潛文化制霸

安的父親在一九八〇年代食品批發產業的勞資協商過程中，擔任資方。他回家的時候會說很多精采的談判故事，特別是工會領袖如何在支持者面前大聲疾呼，承諾要和資方對抗到底、絕不妥協，一定會凱旋歸來。他承認資方也會採取一樣堅定的立場，要求勞方讓步，說不惜苦戰到底。不過，當會議室的門關上之後，這些劇情都結束了。勞方、資方代表會面對面，很客氣地問：「要怎麼做才能平息糾紛？」

這個小故事可以讓我們看出組織公開對外的正式規範往往和隱藏的潛文化相互衝突，而員工的行為卻是受潛文化所引導。非正式的組織文化和正式的政策宣導一樣會傳遞信號，讓大家知道哪些行為可以被接受、哪些行為才符合道德倫理。正式的倫理專案如行為準則、倫理訓練、任務、企業使命都寫得很好。相較之下，非正式文化所傳遞出來的訊號不是來自官方說法或行動，而是組織成員「靠感覺」。潛文化傳遞著大家聽到的訊息，而不是看到的訊息，代表著組織內部對於道德規範的非官方態度。員工就是透過這種非正式的機制來學習組織「真正的價值」。

假設有一間公司，建立了字斟句酌的行為準則，說明員工要符合哪些道德標準。這套行為準則很重要，所有員工都必須朗讀後簽署「履約證明」。這樣應該很有效，對吧？很可惜，安隆就是這麼做，一點用都沒有。

嬌生和安隆一樣也建立了行為準則*。為什麼這兩間公司的道德操守差那麼多？或許問題不在於行為準則的長度和內容。真正的差異是來自潛文化。大家都知道嬌生的倫理素養很高，最知名的案例就是一九八二年有人在嬌生出品的頭痛藥裡下毒，嬌生決定全面召回，共花了一億美元。這間公司的正式行為準則和非正式文化相符。（有人可能會說，嬌生在二〇一〇年召回了幾款藥品的行為表現出雖然信條還在，但是非正式文化已經脫節了。）相對地，安隆因貪婪與好勝的潛文化而臭名在外。這間公司冗長又複雜的行為準則完全不符合失德的潛文化。安和她的同事克莉絲汀·史密斯—克羅（Kristin Smith-Crowe）和伊莉莎白・恩芙瑞思（Elizabeth Umphress）主張，系統正是組織倫理基礎架構裡最弱的一環，影響力慘輸給非正式的潛文化。

嬌生前任執行長勞夫・拉森（Ralph Larsen）接受《國民新聞周刊》（*National Journal*）採訪的時候表示了相同的觀點：「全世界的法律條文都沒辦法確保所有的企業高階主管能日復一日地循規蹈矩。」確實，有一項關於零售、保健和製造業員工行為的研究發現，主管正式的規範比不上同事間群體的非正式約束。人類學家認為這種非正式系統可以追溯到形成社會之後、人類演化出來的心智能力，相對地，因為正式系統和演化無關，就會比較刻意、比較沒有影響力。在團體中，非正式規範是交易和其他活動最初的驅動力。團體逐漸擴大，而且愈來愈多元之後，才出現了正式機制（像是合約和行為準則）來引導人們的活動。

有時候正式系統很弱是因為這些系統本來就是刻意設計成這樣。行為準則刻意和

---

*編按：嬌生信條請參考台灣嬌生公司網頁 https://www.johnsonsbaby.com.tw/our-mission：安隆的企業道德請參考 https://www.justice.gov/enron/exhibit/02-06/BBC-0001/Images/EXH012-02970.PDF。

組織「真實」的內部環境脫鉤，只是寫來說服外面的人，尤其是投資者，讓他們相信這個組織運作依循著道德，而實際上掩蓋了更重要的目標，像是追求利潤極大化。研究企業年報就會支持這個觀點。會在年報裡大量使用道德詞彙，如「企業倫理」和「企業責任」的公司通常都和「邪惡」股票有關，或是生產酒精、菸品與博奕遊戲的上市公司。值得注意的是，這些運用道德詞彙的公司也比其他企業更容易成為集體訴訟的目標，或是在企業治理的評鑑項目中拿到很低的分數。顯然，這些需要偽裝的公司都必須在年報上進行「道德行銷」。

如果有間企業真的很在乎倫理道德，那這公司會謹慎地規畫合規系統與道德規範，符合自己獨特的架構和問題，還是會挪用別人的系統和規範？有趣的是，觀察組織是否抄襲倫理準則也可以看出其道德理想是不是空口白話。有一項研究比較了企業的倫理準則，發現句型和內容都很相近。標普五百大企業裡，平均每間企業的倫理準則裡有三十七句話是一樣的。在某些守則裡，雷同的句子還高達兩百二十二句！最常見的句子——「竊盜、疏忽和浪費會直接衝擊企業的獲利能力」——可以追溯到紐約證交所的規則，那份文件明示企業的守則要列出哪些主題。更糟的是，還有些公司完全照抄。從其他公司挪用來的正式系統無法反映出這個組織真正的價值，只成為膚淺的裝飾，根本沒有作用。

有時候，正式的合規專案無效，不是因為設計的缺陷，而是因為組織的潛文化太強大。潛文化超越正式系統的威力可以從安隆和安達信的隕落就看得出來。有一位觀察員表示「規則默默地被稀釋了，審計員兼任業務員的現象崛起了」。安達信內部「誠實到白目」的審計員，尤其是和專業標準小組（用來讓審計員誠實的「看門狗小組」）有關的那些人都被瞧不起和詆毀，在組織內部的地位很低。安達信「倫理與責任企業實踐」顧問服務的合夥人談起內部倫理的時候，她說：「別人都覺得她像是從異世界穿越來的。」

安隆是安達信最強大的客戶，在安隆總部也有類似的故事。執行長雷伊讓大家都清楚地知道非正式的潛文化勝過正式的行為準則。《紐約時報》的記者亞力克謝·巴遼紐沃（Alexei Barrionuevo）曾寫下：

雷伊先生曾表示：他在安隆協助制定的道德規範，包括了行為準則，似乎都不適用在自己身上。當他被問到……個人投資了十六萬美元在一間分享照片的公司上，而那間公司超過八成以上的交易都是和安隆進行的，雷伊先生這時稱此不當行為「形式重於本質」。他說：「規則很重要，但你也不應該變成規則的奴隸。」

和正式的規範與規則相比，非正式的規則就很難明確辨識。潛規則隱藏在員工口耳相傳的故事、婉轉引用的比喻、社交風格，和其被落實的做事方式裡。想想作者安剛到聖母大學教書的經歷。她要搬進研究室的時候，很多學生主動幫她搬箱子。她很客氣地拒絕了，但學生很堅持，所以她最後接受了。他們不但幫她開門，還協助她把箱子扛進研究室裡，最後陪她回到車上去看還需不需要幫忙。安很感謝他們熱心、慷慨，可是也很好奇是否因為自己很矮，而且看起來就搬不動那些箱子。

兩年後，安聽到同一個系裡其他教授說起同事搬進來的經驗——那位男教授一點也不矮，看起來很強壯。他和安一樣，沒想到學生都很熱心幫忙。後來，安還開玩笑說那個教授挪用了她的故事，沒想到同學是真的對男教授也一樣熱心。這兩個故事可以說明聖母大學的潛價值——「幫教授搬箱子」絕對不會寫在《學生手冊》裡；可是，價值就體現在非正式對話裡不斷傳唱的故事中。

潛規則甚至不需要完整的故事就能深植在組織和社會裡。我們選用來描述或掩飾行為的文字也一樣有用。喜劇演員喬治·卡林在他的演出「字就只是字」（They are only words）裡面，回溯了許多詞彙的起源，那些用來描述軍人承受戰爭壓力的字彙。「砲彈休克」源自於第一次世界大戰，到了第二次世界大戰則以「戰爭疲勞」為代表，韓戰時期則演變成「任務疲勞」，最後在越戰的時候則是出現「創傷後壓力症候群」。卡林幽默地表示這些詞彙經過時間消毒，把軍人的傷痛掩埋在字詞之下，讓社會可以輕鬆地忽視這些問題。

同樣地，組織企圖遮掩不道德的行為，用無毒無害的語言來掩護。「連帶損害」比「平民喪生」的接受度高。「營收管理」和「創意審計」也比「帳目灌水」好聽。核輻射用「日照單位」來計算；排放污染改稱為「逕流」；化學廢棄物是「副產品」；員工被解雇的時候，說城市「釋出人力、組織縮編、精實編組」。用溫柔的語言來掩蓋傷害和殘酷之後，原本不能接受的也可以接受了，不道德的行為就能持續下去。委婉用字除了讓不道德的行為持續下去，還會散發出強力的非正式訊號，讓員工清楚組織的價值：只要你能掩蓋、隱藏不道德的行為，我們就會接受，甚至會鼓勵你。

我們除了會透過故事和委婉用字來接收非正式規範，也會藉此觀察出哪些行為會受到獎勵、哪些不會。有個知名律師事務所的律師說，有一群初級律師去吃飯，其中有三位表現尚可的初級律師，和一位事務所「金童」。他雖也是初級律師，但表現優異，可以拿到比較好的案子，也可以和最好的合夥人共事。初級律師和所有律師一樣都必須記錄他們可收費的時數，還要編碼。就像我們之前所說的，因為代號很多，所以律師會參考筆記，隨時把自己的時數記錄下來。晚餐吃到一半，那三個表現尚可的初級律師開始討論起這過程很花時間，金童這時拿出自己的時數表，很快地把好幾週的分量都填完，根本沒有看筆記。其他律師當然可以清楚地看出金童的紀錄不準確或不真實。正式的政策會明確要求準確地記錄，那一串代碼還經過律師仔細地審查。可是金童目無一切的行為讓這些正式規範都和塵土一樣不值。就像正式規範一樣，非正式的規範也會透過獎懲來強化，通常還更有警示作用。

麥可為（McWane）是全球最大的鑄鐵管製造商。這間公司的非正式制裁方式非常有影響力，還讓這間公司成為「全美國最危險的企業」。二〇〇三年，在食品安全紀錄最差的產業裡，麥可為的員工受傷率最高，這並不意外：在一九九五至二〇〇三年間，麥可為共有超過四百項違規紀錄，比其他六間競爭對手合計的紀錄多四倍。同時間，這間公司還違反了污染法規與排放限制高達四百五十次以上，麥可為的工廠是紐澤西、阿拉巴馬和德州最嚴重的污染源。據說主管經常忽視安全與環境的法律，只重視生產，甚至還半夜排放污水。這間公司裡非正式的制裁機制讓這種行為一直持續下去。抗議工作環境的員工會被「盯上」，等著被解雇。受傷的員工會被欺負，工會領袖經常受到恐嚇。

從《芝加哥先鋒報》所載的這則軼事可以看出，這個組織會執行很極端的非正式規範——在這個案例中，這間公司可以容忍偷竊：

> 打電話報警的人聲音很堅定、但斷斷續續：「好，我想要報案，詹姆士河造紙廠有員工竊案……我目擊到，啊，他，你知道，把東西裝上……拿出去……可是，他，啊，啊。大家都曉得他很暴力。」被指控

的員工奇斯．庫茲卡（Keith Kutska）拒絕和警方合作後停工了五天，然後取得了報案電話的錄音。他把錄音帶去上班，「因為大家都想知道誰告密，」他在聽證會說：「我播出來後說，『就是他』。」隔天，十一月二十二日，孟非爾（指控偷竊的人）的屍體就被發現沉在紙漿槽的下方，那個槽高達二十英呎，而他的脖子上纏了一條跳繩，繫了四十磅的啞鈴。

從英國金融服務管理局前任執行長赫克托．桑茲（Hector Sants）的身上也可以看到組織內非正式系統的影響。二〇〇八年金融海嘯讓世界覺醒之後，英國金融服務管理局在面試較高階職務的應徵者時，都會採取比較嚴格的面試流程，其中一項是要鑒定他們培養倫理文化的能力。評鑑方式就是觀察他們如何對待客戶，以及他們在市場裡的道德行為。桑茲對《紐約時報》表示：「我們的目標就是要協助開創良好的文化，在不良文化還沒有產生無法接受的後果之前就先介入。」

這個做法或許可以有效地提升組織內非正式文化的道德水準。領導人應該盤點現有的非正式系統，理解員工承受的潛在壓力。這些壓力可能來自現有的獎勵機制、其他員工或主管。潛文化會抵消正式系統的作用，所以當領導人把注意力集中於潛文化時，或許就能開創正面的潛文化，強化道德行為，斬除不道德行為。

通常組織想要建立系統來強化成員的道德行為，本意都很好，可是心理作用會限制這些方案的效果。除非領導人把成員的實際決策過程考量進去，否則員工和公民往往會忽略這些系統，甚至增加不道德的行為。我們在下表整理出本章列出的障礙，並提供可行的方法，讓你和你的組織可以採用。若要為組織設計有效的系統來鼓勵道德行為，就必須先理解你會碰到的障礙，找出克服障礙的策略。

表1：為促進組織裡的道德行為所設計的有效系統

為組織設計出有效的系統來鼓勵道德行為

障礙	會產生什麼問題？	要考慮的因素
獎勵系統	獎勵系統沒有考慮到大家為了目標會採取什麼手段，也沒有考慮到其他目標會受到什麼影響。	設定目標前，先腦力激盪，想想看為了達成目標，會有什麼副作用。讓那些能獲得獎勵的人也參與腦力激盪，請他們想想追求獎勵的過程中可能會有哪些行為。
懲戒系統	懲罰不道德的行為會導致道德褪色，讓人因為分析行為的利弊得失，而忽略了道德面向。	做出人事、策略或營運決策前，要進行道德評量。考慮其他選項的時候要常問：「這個決策會有什麼道德後果？」
道德補償	道德行為會用來合理化其他領域無法接受的行為。	將道德行為和不道德行為的標準分開。對不道德行為採取零容忍政策。為道德行為建立很高的期待，強調持續提高道德標準的重要。
非正式系統	非正式文化和同儕壓力完勝立意良好的正式道德系統。	盤點組織內部的非正式系統，設法理解員工承受的潛在壓力，努力創造正面的前文化，強化道德行為，斬除不道德行為。

第七章

為什麼貪腐的機構怎麼都治不好？

要拯救生命，最直接有效的方法就是別再讓菸草奪命。菸草在二十世紀總共奪走一億條人命，預計在二十一世紀取走十億條生命。儘管過去六十年來，有不少人勇敢地挺身面對菸草產業，我們的社會尤其是美國政府竟然沒做什麼來挽救生命。我們的民選官員已經淪喪到毫無作為，可是社會大眾都沒有注意，倒也沒有怨言。

在各種不同的領域裡，像是規範菸草業、審計業、管理氣候變遷等等，美國政府和營利組織、非營利組織都始終無法採取行動，來追求社會大眾的利益與福祉。在這些案例當中，企業會刻意採取一些行動來扭曲公民與立法委員對議題的理解，避免非營利組織和政府代表公民來介入產業發展。不過，這本書無意探討這些產業的非法行為，或是他們合法地扭曲資訊後發揮惡劣的影響力。特殊利益團體掌握資源的獨特能力，可以影響政策，導致政府許多政策都被曲解了（換句話說，少數幾間菸草公司比三億公民還能夠影響政策、整併資源），這些老話我們都不想再提了。我們想要利用行為倫理學的觀點，把重點放在為何政治人物和其他專業人士無法注意、面對、戰勝這些腐敗的力量，以及公民為何無法要求民選官員為這些不理想的政策負責。我們在第五章探討了多數人都不會注意到別人的不道德行為。這一章則是要檢視人們為什麼不會注意到公共政策的腐敗，也沒有採取行動。

政府有個很重要的目標，就是要擴大社會可用的資源。可是當政府為了特定的利益團體而規畫決策時，像是稅金、漁場和全球氣候等寶貴的公共資源就受到濫用或忽略，這時候可用的資源就變少了。我們會探究心理作用與政治體系的交互作用，來理解為什麼公民和立法委員會讓這種現象發生。

當資源的鍋子大到沒有人會被虧待的時候，經濟學家稱之為「柏拉圖最適境界」（Pareto-optimal）。而柏拉圖最適境界改變可以為一部分的人提供更多利益，而完全不減其他人獲得的待遇。國家與國際層級沒有柏拉圖最適境界改變，因為任何改變都會在其他地方傷害到其他人。獲得諾貝爾獎的經濟學家約瑟夫．史提格里茲（Joseph Stiglitz）認為有些妥協已經「很接近柏拉圖最適境界改善方式」。這種政策會為很多人創造福利，同時只會讓別人承受一點點損失，像是已經左右政治體系來獲利的特殊利益團體。史提格里茲主張：「如果多數人都可以獲得好處，只有狹隘定義出來的特定利益團體得不到好處，這種改變當然要推動。」很遺憾的是，我們的社會往往無法推動這種接近柏拉圖最適境界的改善方式。

理想中，公共政策的改變應該要包含睿智的取捨——對多數公民來說，利要多於弊。因此，要睿智地制定出新菸草政策，就要想想新政策能為社會創造的價值，能拯救多少性命、預防多少疾病，這些價值應該遠大過菸草公司和部分公民要付出的代價（像是股東利益和抽菸的樂趣）。如果除了狹隘定義出來的特定利益團體之外，幾乎所有人都能從這項政策中受惠，這就是個睿智的政策。

為什麼美國政府經常無法制定出這樣睿智的政策？為了讓大家理解原因，我們會探討美國政府為何無法在菸草、審計和能源這三個產業裡減少無用的政策。當然，還有很多議題——如美國政府的補貼和美國教育政策——都有同樣失能、無能的模式，但我們選擇這三個產業是因為這些領域有明確的紀錄，讓我們看出業界的機構多麼迂腐。在每個案例中，我們會簡述政治系統、利益團體和公民的心理作用如何交互影響、形成障礙，導致我們制定不出睿智的政策。利益團體控制政策，達成他們自己的狹隘目標就能獲利，而一般公民卻要承擔政策的後果。我們主要的重點在於整個社會為什麼無法終結這種毀滅性的貪腐行為。

菸草帝國

根據考古學研究，馬雅人早在西元前一世紀就開始抽菸。菸草發源於美國，哥倫布接觸到這種植物之後，菸草就在全世界流傳開來。中國早在一六一二年就禁菸了，柏林在一七二三年禁菸。一八〇〇年代中晚期，香菸開始有品牌，尤其是邦沙克（Bonsack）在一八八〇年發明之後的捲菸機，一天可以出產十萬支紙捲菸，那時抽菸才開始流行起來。

一七六一年開始有人懷疑菸草和癌症之間的關連。一八五八年則發現了抽菸斗和口腔癌之間有顯著的關連。接下來的一百年有愈來愈多證據顯示出抽菸和癌症有關。一九一二年，有人認為肺癌和抽菸有關，這種理論在一九二〇年間逐漸普遍。第一場關於香菸與肺癌的量化研究出現於一九二九年，顯示出肺癌的倖存者中抽菸者數量比較多。

有個關鍵問題一直存在：究竟是香菸導致癌症，還是有其他致癌因素引發了抽菸和癌症間的關連？舉例來說，如果住在致癌環境裡的人，菸還抽得比其他環境裡的人凶，那麼就很難明確判斷究竟是抽菸，還是其他因素致癌。

一九二九年的研究之後，愈來愈多研究想要理解抽菸是不是真的會致癌。一九五〇年初期，有許多量化研究和非人類的動物實驗來進行因果研究。英國醫學研究委員會在一九五七年正式表示，菸草是肺癌病患人數增加的原因。倫敦皇家內科醫師學會則在一九六二年指出我們應該要採取行動，避免菸草的消耗量日漸增加。終於，美國衛生及公共服務部在一九六四年公開提及抽菸和肺癌的因果關係。當時，抽菸者罹患肺癌的機率是不抽菸者的二十倍。

我們當時應該要理解什麼？沒有被菸草產業買通的醫療歷史學家認為一九五〇年代初期，大家已經有明確的共識，知道抽菸會導致肺癌了。可是大眾都不知道這項資訊，因為菸草產業砸錢下廣告和進行遊說。在這過程中，菸草產業不但持續製造會讓人上癮的產品，還隱匿了肺癌的相關研究，積極地在廣告中吸引未成年消費者，並且順利地阻止國會立下新的法條來妨礙銷售。

為什麼美國大眾無法迫使國會議員推動新法，禁止菸商向未成年消費者行銷菸品？主要是因為菸商很有效地運用了不實資訊，讓大眾質疑抽菸是否真的會導致肺病。歷史學家羅伯特．普羅克特（Robert Proctor）創造了「無知學」這個詞，指專門研究有意識地散播無知的各種手段，並引用菸草產業的行動作為範例，說明企業散播無知時可以獲得哪些利益。特別是菸草產業會持續告訴大眾，抽菸和癌症之間的關連還沒有明確的定論，致癌的原因很多，還需要更多深入的研究。菸草產業寄望著永遠不可能有明確的證據顯示吸菸就會致癌。此外，所有受爭議的主題都一樣，在科學界形成共識之後，「專家」提出質疑後還可以拿到錢。基於種種原因，在美國衛生及公共服務部重視這個議題之前，大眾都不懂菸草產品對人體健康帶來的風險。

這些戰術很成功，一部分是因為這種戰術玩弄了美國醫學會領袖和其他醫師的心理作用。從一九二九年到一九五〇年代的研究過程中，甚至在一九六四年美國衛生及公共服務部發表報告之後，最大的菸草公司組成了菸草帝國，還和醫學會結成同盟，這些由專業醫療人士組成的社群遠比一般大眾更理解醫療科學。報告發布的那一年和接下來那幾年，美國醫學會很在意國會即將立法推動聯邦醫療保險和醫療補助，而美國醫學會認為這會威脅到醫師的收入。美國醫學會不想要得罪菸草產區的議員，因為他們很快就要投票推動一九六〇年代的醫療改革了。因此，美國醫學會不願意表態承認菸草的傷害，甚至還聽從菸草產業的話，呼籲各方進行更多研究——所有人都知道若要有明確的結論，根本不必進行更多研究。或許是因為道德褪色，美國醫學會透過商業濾鏡來看待菸草問題，而不是使用道德濾鏡。這個團體做出決定的時候，沒有考量到公民的健康。德魯．皮爾遜（Drew Pearson）和傑克．安德森（Jack Anderson）這兩位記者後來稱醫學會與菸商合夥是「立法史上最詭異的遊說同盟」。

那獨立的醫師呢？他們為什麼沒有接受現有的強大證據，指出香菸和肺癌之間的因果關係？如我們在第五章描述的「動機型閉一隻眼」，或許是因為醫生自己也有抽菸的習慣，所以他們看不到清楚的證據。

根據哈佛大學歷史學家艾倫．勃蘭特（Allan Brandt）的紀錄，在一九五四年五二％的醫生經常抽菸，三〇％的醫生一天至少抽一包。一九五九年，科學繼續研究菸草與肺癌之間的關係，但當時仍有三九％的醫生經常抽菸，一八％的醫生一天抽掉一包。受人景仰的艾瓦特斯．格雷厄姆（Evarts Graham）醫師的態度從原本很懷疑菸草和肺癌的關係，後來變成反菸運動的大將，他早在一九五四年就主張過抽菸和肺癌有關係：

兩者之間的關連還沒有被所有人接受，醫學界還有很多有菸癮的人，他們需要絕對的證據。很多人相當頑固，不願意接受既有的證據，迫使我做出他們被自己的癮頭給蒙蔽的結論。他們雙眼可以視物，但是卻看不見，因為他們不願意或沒辦法戒菸……我從來沒遇過任何不抽菸，但是對這些證據不以為然的人，不抽菸的人都能明確看出抽太多菸和肺癌之間的關係。

因此，當菸草產業花了數百萬美元積極、有效地遊說國會，並且向大眾提供不實資訊時，應該保護我們的醫學社群卻很有效、確實地被玷污了，或許連最關鍵的人都沒有認知到他們持續造成的傷害。

菸品每年造成全美五十萬人死亡、全球五百萬人死亡，而且這個數字還持續增加。如果醫學團體能負起責任，強調菸草和肺癌之間的因果關係，大眾就不會被菸草產業的戰術所愚弄，就能拯救數百萬人的生命。我們在指控美國醫學會和那些醫師刻意殺人嗎？不是的。他們為了要專心打擊聯邦醫療保險和醫療補助、要維護自己的癮頭，而且他們不明白心理作用，所以他們看不到清楚的證據。結果數百萬人在命不該絕的時候就痛苦地往生了。

審計業

「會計專業的未來很光明，而且會一直光明下去——只要證交會不要逼我們沿用舊經濟時代中過時落伍的角色。但是，讓人遺憾的是，（要求審計人員獨立的）相關規範就是逼著我們進入那種過時、落伍的角色。我們需要不同的做法才能跟上新的商業環境，吸引、留住、激勵人才，這樣才能在未來提供高品質的審計作業。」

——全球執行長約瑟夫・貝拉迪諾（Joseph Berardino）二〇〇〇年七月二十六日，在美國證券交易委員會「審計人員獨立性」聽證會中所提供的書面證詞。

安達信是安隆的審計機構。我們在第五章討論過安隆與安達信如何崩壞，特別是安達信目睹安隆內部敗壞竟然毫無作為。我們在本章要問的是為什麼我們的社會竟然允許這種腐敗的審計系統保持現狀、繼續存在。

美國在一九三四年通過《證券交易法》，要求所有上市公司都要有獨立的審計人員，這樣第三方才有信心，能夠信任企業的帳務。很可惜，這法條裡面就內建了致命的瑕疵。打一開始，會計事務所被企業委託來稽核帳務，就沒辦法客觀中立地查帳。這法條裡沒有加入能真正讓審計作業獨立的措施：（一）審計人員要輪流，這樣才不會為了留住客戶而產生偏誤；（二）禁止審計人員向客戶銷售顧問和其他服務；（三）禁止審計人員接受客戶所提供的職務。

同時，獨立性對於審計機構也很重要。美國政府一九八四年起訴安永會計師事務所後，最高法院達成無異議判決，前美國首席大法官華倫·柏格（Warren Burger）在判決書中寫下：

> 獨立審計師審核各種關於企業財務狀況的公開報告後加以簽證，承

擔了公共責任，超越任何和客戶之間的僱傭關係。獨立公開的會計師在履行這項特殊任務時，最終效忠於企業的債權人、股東和投資大眾。身為大眾的「看門狗」，會計師必須保持完全獨立，並且對大眾信任完全忠誠。

不過，到了一九八〇年代，因為審計費用的價格競爭相當激烈，所以會計事務所紛紛開始用利潤較高的稅務、管理、顧問服務來增加收入。審計合夥人面對日增的壓力，必須向客戶銷售諮詢服務，這時候產業氛圍變成會計師愈來愈依賴客戶的認同。「我們的年薪取決於你開發了多少業務，」前任美國證交會首席會計師林恩．特納（Lynn Turner）提起，他一九九〇年代在永道會計事務所擔任審計的經驗時，表示：「如果有人替公司賺進了兩千五百萬美元的顧問費，那就是英雄。」美國聯邦審計總署在一九九六年的報告中，表示提供顧問服務讓審計人員的獨立性增加了許多風險。

由於一連串財金風暴，美國證券交易委員會前任主席亞瑟．李維特（Arthur Levitt）在一九九〇年代後期相當關注審計人員的獨立性。例如，證交會在一九九八年夏天發現，資誠會計事務所前身的普華會計事務所高階主管投資了自家審計的企業，這直接違反了證交所的規定，違規項目共超過八千項。證交所罰了普華兩百五十萬美元，李維特決心在任內塑造審計人員的獨立性。

李維特認為如果審計業務和顧問服務不切割，不但會造成審計人員不可靠，還會導致巨大災難，所以解決方法就是要徹底切割這兩項業務。但是李維特和安侯建業、勤業眾信與安達信等三大會計事務所的高階主管舉行聯合會議之後，非常震撼。李維特用他的意思轉述這幾位高階主管的話說：「我們會跟你開戰，你這樣會害死我們公司。我們會和你打到你死我活。我們會在國會和法庭向你宣戰。」

會計事務所聘請了至少七間遊說公司來反對審計獨立性的提案。李維特還收到十幾封來自企業高階主管和國會議員的信，他們都支持會計事務所的立場，其中，李維特說：路易斯安那州的國會議員比利．陶津（Billy Tauzin）「纏著我不放」。安隆執行長雷伊在二〇〇〇年九月二十日寄給李維特的信中，證明了安達信所提供的包套服務讓他的能源貿易公司獲得許多好處：「安隆發現這種『整合式審計』的安排，和傳統分別進行內部與外部審計的方式相較起來更有效率、成本效益更高」。事實上，後來發現，負責審計安隆帳務的安達信合夥人大衛．鄧肯（David Duncan）曾在安達信於華府雇用的遊說公司安排下，一起撰寫了這封信。在這段期間裡，安隆是安達信第二大的客戶，安達信不只每年替安隆查帳、簽證，還提供包括了稅務、企業顧問和內部審計的服務。二〇〇〇年，在李維特陷入苦鬥時，據美國政治反應中心的數據，會計事務所的政治獻金就高達一千萬美元，另外再花一千兩百六十萬美元用於遊說聯邦政府。

二〇〇〇年，李維特還邀請了來自政府、公司、會計事務所和學術界的專家證人到華府，在美國證券交易委員會關於審計獨立性問題的聽證會上作證。作者麥斯和他的同事，即卡內基梅隆大學的經濟心理學教授喬治．羅溫斯坦（George F. Loewenstein），也出席了聽證會，為美國證交會提出他們的意見。一九九七年，兩人和金伯利．摩根（Kimberly P. Morgan）在《史隆管理評論》上，共同發表了〈審計人員不可能獨立〉一文，我們認為在衡量會計醜聞的後果時，不能只著眼於審計師的疏忽和腐敗。審計師無意識地在決策過程中產生偏誤，那時審計人員甚至還沒有做出評估報告。因此，我們認為審計人員為了維護客戶關係，必然會造成審計失敗，目前美國的審計系統讓審計人員「從心理學來說根本不可能」維持客觀，因為動機型閉一隻眼的現象，會造成連最誠實的審計人員都無法客觀評斷，所以我們在文中表示：「根本無法避免審計失敗的結果。」

在我們二〇〇〇年提交給證交會的書面證詞中，我們支持將會計師事務所的審計和顧問服務切割開來的措施，但也強調只要審計師繼續被他們所審計的企業聘用或解雇，就不太可能實現公正的審計。我們的同事、加州大學伯克利分校哈斯商學院教授唐·摩爾（Don Moore）認為，要創造真正的審計師獨立性的表象和現實，就需要進行以下改革：

一、審計事務所只能向客戶提供審計服務。
二、審計合約要有期限，在合約期間內，客戶不能解雇審計人員。
三、企業不得雇用替他們查過帳的會計師。

如前所述，一九三四年通過的《證券交易法》忽略了這三個因素。李維特深信審計人員的利益衝突會帶來危險。他召開證交會聽證會就是為了說服國會接受我們和其他證人的意見，不要接受會計產業遊說。安達信的管理合夥人貝拉迪諾、安侯建業的副總裁泰瑞．史傳奇（J. Terry Strange）和德勤的合夥人羅伯特．嘉蘭（Robert Garland）在聽證會上要求證交會舉證，列出會計事務所因為提供顧問服務而造成審計詐欺的例子。「考量到利害關係，」嘉蘭作證時提及：「而且目前沒有看到任何問題，就認為現有做法有很高的風險，這樣很不負責任。」據史傳奇表示：「審計以外的服務可以讓審計更有效。」「我們認為，（這樣提議）會折損審計的品質。」貝拉迪諾則說：「審計人員對客戶的了解愈充分，審計工作就做得愈好。」他進一步指稱，「如果你或我是一位執行長，想要作假帳或詐欺，我認為執行長會想要把審計人員蒙在鼓裡。我不認為我們會雇用審計人員來幫我們操作自己的資訊系統。我不認為我們會協助他們來檢視我們複雜的交易」。

聽證會結束之後，最關鍵的議員都站在會計事務所那一邊。根據李維特的說法，陶津議員似乎「比我更了解會計師在做什麼。他和他們密切合作。我不想要用憤世嫉俗的口氣說話，但那是因為他很喜歡會計師嗎？」事實證明，陶津在一九九〇年代獲得會計產業的政治獻金就超過二十八萬美元，但他明明就可以穩坐眾議員的位子，沒有敵手。更糟的是，李維特發現如果他不讓步，眾議院撥款委員會成員亨利．波尼亞（Henry Bonilla）就要在委員會撥款預算上增設附加條款，大幅削減證交會的預算。

李維特不得已，只好放下這場戰役，他認為這是他在證交會主席任內最大的錯誤。他相信自己會被國會鬥倒，所以放任會計事務所繼續向客戶提供顧問服務。這些事務所只讓了一步：他們同意向投資者揭露客戶關係，提供細節。不過，這裡值得注意的是，如前一章所論，揭露訊息反而會加深偏見。李維特也很清楚：揭露訊息不能完全解決審計人員利益衝突的問題，但他相信這是國會唯一願意通過的措施。

接下來發生了哪些事，大家都很清楚。安隆因為驚人的不當行為崩潰了，但是審計機構安達信卻知情不報。安達信因為依賴安隆的顧問合約與巨額顧問費，蒙蔽了雙眼，而遭受指責，沒多久也破產了。隨後在二〇〇二上半年接連爆發了世界通訊、艾德爾菲亞電訊公司、環球電訊、全錄和泰科等企業的審計舞弊風暴。

前總統布希為了回應這些弊案，在二〇〇二年七月三日簽署了《沙賓法案》，要求上市公司提供許多種報告，很多高階主管都認為市政府過度監管。但相較之下，左翼批評人士認為這些新規定還不夠。

從我們自己的角度來看，《沙賓法案》完全沒有對審計業的重大缺陷做出回應。《沙賓法案》禁止審計人員提供顧問服務，但允許其他審計服務繼續進行。根據條文，負責替企業查帳的會計師必須在七年後輪替，但是會計事務所可以繼續服務同一名客戶（這是四大會計事務所在最後一刻推動的改變）。此外，審計人員仍然可以在他們稽查的企業任職。假設有人擔心《沙賓法案》通過後，四大的獲利能力受到了衝擊，他們後來還提供了符合《沙賓法案》的合規服務，來彌補他們失去的業務，這實在有夠諷刺。這幾間事務所成功遊說了國會，阻擋了有意義的改革，獲利能力根本不受影響。我們在第三章提過自我中心主義，在自我中心主義搧風點火之下，國會議員只關心改革會不會影響他們的政治獻金，而不是大眾必須為這種嚴重的社會議題付出多少代價，國會議員這種行為非常不道德。另外，因為這種貪腐行為已經制度化了，民眾感覺很遙遠，媒體和平民百姓根本不會注意到這個問題，所以創造了醞釀災難的環境。

值得注意的是，更遼闊、廣大的企業界對於提高審計人員的獨立性也沒什麼興趣。誠實的企業在制定許多決策的時候，都要倚賴其他企業財報的真實、完整、正確性。也就是說，如果審計愈準確、直率，那麼誠實的企業更能受益。可是這些企業也要接受稽查，在某些狀況下，他們也想要被「彈性」地稽查，也想讓自己的審計人員來提供顧問和其他服務。這和我們在第三章提到的觀點一致，人們會輕忽未來要付出的代價，很多企業領袖想要繼續讓會計事務所提供包套服務，願意犧牲長遠的利益，不惜捨棄其他企業的帳務信任度。因此，他們保持沉默，明知企業和社會不採取行動，未來要付出代價，但他們也視若無睹。

二〇〇九年末，經濟學家保羅．克魯曼反思過去的那十年，強調審計系統有多麼重要，他引述勞倫斯．薩默斯（Lawrence Summers，他當時擔任柯林頓政府的財政部長，並持續在歐巴馬政府擔任首席經濟學家，直到二〇一〇年）在一九九九年發表的演說：「如果你想知道美國金融體系為什麼會成功，至少以我對歷史的理解是，任何創新都沒有比公認的會計原則更重要：這表示每一位投資人都可以拿到資訊、互相比較，企業管理層在報告和監督活動的時候受到紀律約束。」現在很明顯，我們這個社會沒有履行道德義務去創造和維持薩默斯所相信和讚揚的那種符合倫理的會計系統。二〇一〇年三月，四大會計事務所之一的安永因為雷曼兄弟破產而受到指責，這表示美國的審計系統還是辜負了我們。

能源產業

全球暖化持續了很長一段時間之後，終於在一九三〇年，全球氣候變遷被各界正視為一個新興的問題。可是當氣溫下降之後，大家對這問題就沒興趣了。過了幾十年，科學家提供了明確的證據，指出冰川消融和其他大規模的環境變化代表氣候變遷的範圍逐漸擴大。有了科學共識之後，氣候變遷的問題就不可能被忽視了。

科學懷疑論者雖然為數不多，但其中多數都拿了石油、煤炭和汽車工業的錢來散播自己的觀點。美國石油業巨擘埃克森美孚最不遺餘力在詆毀氣候變遷相關的研究，出手相當大方慷慨。「憂慮的科學家聯盟」（Union of Concerned Scientists）在二〇〇七年發表了一份報告，其中就記錄了在一九九八年至二〇〇五年間，埃克森美孚提供了約一千六百萬美元給一群意識型態導向的倡議團體，讓他們散播錯誤訊息，導致大眾對氣候變遷的議題無法抱持確定的主張。這間石油公司支持的組織發表了沒有經過同儕評審的報告，發行人是一小群「科學代言人」。「憂慮的科學家聯盟」在報告中，指責埃克森美孚「積極扶持這些不足採信的研究和誤導讀者的資訊，這種報告在科學思想的市場裡根本活不下去。」舉例來說，物理學家佛里德里克·塞馳（Frederick Seitz）在一九七〇與一九八〇年代擔任雷諾茲菸草公司受薪顧問，就賺了超過五十八．五萬美元，而他在九〇年代則直言不諱地懷疑起氣候變遷論。許多對於氣候變遷規範有敵意的組織都曾付費給塞馳，包括了喬治·馬歇爾學院，這學院從一九九八年至二〇〇五年間共拿了埃克森美孚石油公司六十三萬美元。可是在美國公共電視公司製作的節目《前線》中，塞馳堅稱他從石油和菸草產業拿到的錢沒有影響他的科學發現。

埃克森美孚支持氣候變遷懷疑論的同時，也出資建立更多研究機構，試圖透過真正科學的方法來理解氣候變遷，其中值得注意的是埃克森美孚提供了一億美元的贈款給史丹佛大學的全球氣候與能源專案，協助他們研究新能源科技，來減少溫室氣體排放量。「憂慮的科學家聯盟」在報告中指出：

從更廣泛的角度來看，這種看似不一致的活動很有道理。就像過去幾十年的菸草公司一樣，這個策略為埃克森美孚公司建立了非常正面的、「支持科學的」形象，掩蓋了他們的活動，讓全球無法即時採取有意義的行動，並且讓公眾辯論停滯在科學研究上，而不是集中注意力來透過政策解決這個問題。

二〇〇六年，埃克森美孚公司提供了一間智庫「美國企業研究所」超過一百六十萬美元，每位科學家或經濟學家只要發表文章來詆毀聯合國政府間氣候變化專門委員會即將發布的報告就可以獲得一萬美元。聯合國政府間氣候變化專門委員會的報告是目前在氣候變遷議題上最完整、最全面的回顧，預測出全球平均氣溫在下個世紀將繼續上升，並指出這些變化有九〇%可能是人類活動造成的。報告發布之後，埃克森美孚就改變了態度。執行長雷克斯．提勒森（Rex W. Tillerson）加入了英國石油和殼牌的行列，承認汽車和工業排放的溫室氣體導致了全球暖化。此外，據報導，美國企業研究所取消了付費請科學家和經濟學家詆毀報告的計畫。聯合國政府間氣候變化專門委員會委員會因為這份報告而獲得二〇〇七年的諾貝爾和平獎。不過，氣候變化是由人類造成的，這點已經證據確鑿，但是由能源產業支持的研究人員仍繼續提出質疑。

一九八四年，諾貝爾經濟學獎得主湯瑪斯．謝林（Thomas Schelling）寫道：「經過進一步調查，沒有任何科學原理能證明這些讓人擔憂的變化會是良性的。」儘管氣候變遷已經是全球共識，也有驚人的預測出爐，但沒想到美國和其他工業化國家裡的政治人物和選民還是無視於氣候變遷的問題，堅持這不是真的，或只是利用一些象徵或不花錢的措施來點出問題。這一部分的原因是因應氣候變遷的成本相當龐大。中國和印度等開發中經濟體若要減少對化石燃料的依賴，就會承受巨大的經濟損失。許多員工會失去工作，更多人會被迫要改變他們的生活方式。

儘管代價高昂，目前的科學共識是，如果不採取行動，最終導致的災難代價更高。根據預測，海平面和天氣模式會劇烈改變某些地區的氣候，冰川會融化、海水會上升，沿海地區和地勢低窪的國家孟加拉會面臨災難。全球的島嶼和海岸線都會不宜居住，必須修建堤壩來保護城市和農田。數百萬人可能會被迫搬遷，而其他人可能不得不重新組織他們的農業系統。糧食淨生產量預計將下降。

許多國家簽署了一九九七年的《京都議定書》，該議定書要求簽約國到二〇一〇年將溫室氣體排放恢復到一九九〇年的排放量；然而，美國卻沒簽。《京都議定書》沒有實現原訂的目標，可能也永遠無法充分執行。二〇〇九年，儘管人們寄予厚望，但在哥本哈根舉行的聯合國氣候變化談判無法獲得各國的承諾，共同面對氣候變遷的挑戰。哥本哈根會談最初的目標是希望擬定一項具有約束力的條約，要求全球各國針對氣候變遷採取具體、可查核的行動。但是因為抗議和權力鬥爭，這場會談只做出了短期且沒有約束力的承諾。與會國家只同意了要「留意」一份長達三頁的協議，承諾為發展中國家提供資金，並建立一個監測富裕國家溫室氣體排放量的回報系統。當時的國務卿希拉蕊．柯林頓在哥本哈根宣布美國將每年拿出一千億美元的長期資金，來幫助貧窮的國家適應氣候變化，但她的承諾必須得到國會批准——這根本不可能實現。

立法者若要支持各種措施來減緩氣候變遷，就很難得到選民的支持，尤其當這些新措施代表未來休旅車、加油、用電都要付更多稅金。如第六章所述，組織裡的獎勵制度會把員工的注意力引導去實現特定目標，導致他們忽略其他重要的目標。我們的政治制度也有獎勵機制，會產生類似的問題。許多政客都追求連任，而百姓會低估未來要付出的代價，所以哪怕是非常微小的不便，都會讓人無法認同政治人物的舉措。政治人物也承認，為了避免未來的災難，必須當下就付出一點代價。政治人物想要連任，若最有影響力的選民（如財力雄厚的捐款者）都反對氣候變遷的政策，那麼政治人物就會站在他們那一邊，破壞大眾利益。

整體來說，無法有效因應氣候變遷可說是大規模的不道德行為，加害人不只是民選官員，還包括了我們平民百姓。這問題會這麼失敗，不只是因為解決問題的成本很高，還因為我們具有在第三章中討論過的認知偏誤。更具體來說，如麥斯在二〇〇六年撰文所稱，認知偏誤會導致我們（一）有正面的幻想，因而不重視氣候變遷等存在於遙遠未來的問題；（二）用自利的角度來詮釋氣候變遷等事件，認為那是別人要負責的問題；（三）竭盡全力維持、拒絕付出任何成本，即使投入資源會帶來更多好處，並防止未來的危害；（四）無法投資於預防氣候變遷等問題，因為我們沒有親身經歷過，也沒有明確、生動的數據。

不一樣的問題，差不多的策略

哈佛大學倫理中心主任賴瑞．雷斯格（Larry Lessig）表示：當我們的機構（政府、企業和非營利組織）制定出政策和做法，卻讓社會運作更無效，大眾也對機構更加不信任的時候，即便沒有違反法律，還是會出現整個制度、結構的腐敗。社會腐敗因為法律和規章的制度而被體制化，而且可以預期這些法律和規章制度將無法最大化社會利益。最典型的例子就是，當我們和自己選出的官員為自身利益，而允許特殊利益集團散播不實資訊來扭曲公共政策時，腐敗的機構就存在了。

我們這些在不知不覺中允許腐敗制度繼續存在的人，至少應該承擔部分責任。為了制止他們不道德的行為，我們需要用明智的理解取代我們的無知。在本書中，我們使用行為倫理的濾鏡來記錄導致不道德行為的心理過程，並藉由本章中的三個例子，將這些過程與我們政治體系中的行為串連起來。下一步則是要辨識出政治和企業行為者使用的策略，以削弱他們的力量。

我們接下來要介紹的戰術主要運用於現狀偏誤，也就是多數人通常比較想要維持現有的行為或狀態，不喜歡改變。心理學家早就知道，在考慮一個潛在的變化時，我們往往比較在意改變的風險，而不是無法改變的風險。有一間公司要雇用你，新工作在工資和職責等方面比你現在的工作好得多，而在地點和醫療保險等其他方面則稍微差一些。你若理性分析會知道新工作的明顯收益超過了預期的損失，就應該接受新工作。然而，注重損失而非獲得的心理傾向會導致許多人拒絕這份工作，維持現狀，放棄純利。因為損失比收益更大，所以現狀會產生惰性，從而阻礙明智的行動。

我們在第一章將挑戰者號的災難歸咎於美國太空總署和莫頓賽奧科公司，他們在發射的前一晚只檢查了可用的數據，沒有檢視更多資料。另一種解釋可以追溯到太空總署的主管馬洛伊，他認為除非有明確的科學證據，否則不該改變隔天要發射的決定，而這項主張成功地讓所有人消音了。這麼一來，他在所有在場的人心中植入了「現狀就是決定發射」的想法，這種框架不符合標準，應該是要在能確定安全的情況下才能發射。馬洛伊所採取的立場讓發射太空梭的決定朝有限道德感的方向前進了。

腐敗的體制化流程之所以能持續存在，正是因為人類想維持現狀的意願非常強烈。此外，心理學家約翰·約斯特（John Jost）和貝納基指出，受創最深的人有時卻是最直言不諱為這些系統辯護的人。吸菸者通常在許久之後才會不滿菸商的策略，因為其他公司的年報不實而受到損害的企業通常會保持沉默，而最無法適應氣候變化的貧窮國家可能會把這個問題排在優先事項清單的最末。當我們為目前現有的系統辯護，就是在無意中讓有害的現狀延續下去。

現狀偏誤會和特殊利益團體所持續使用的戰術相互作用，導致我們無法做出改變，訂立睿智的政策。具體來說，我們列出了重大議題——菸草、審計和氣候變遷——而那些反對行動的人會很有系統地依賴這三種做法：（一）鼓勵合理的懷疑、混淆視聽；（二）聲稱需要尋找確鑿的證據、（三）改變事實的觀點。美國政府每次要在這些領域大刀闊斧進行重大變革的時候，這些做法都能有效地強調現狀、增加影響力。

鼓勵合理的懷疑、混淆視聽

若有個議題對企業很重要，而企業想要拖延政府的舉動，他們就會使用一個數十年來都見效的關鍵工具：混淆視聽，或者故意用模棱兩可的方式來誤導聽眾。混淆視聽最主要的功能就是在公民和政策制定者的腦中創造合理的懷疑，從而鼓勵維持現狀。

美國菸業比公共衛生界更了解吸菸的危害。此外，在科學上已經明確表示香菸與肺癌之間的因果關係之後，菸草帝國仍很明顯地維持此種策略，讓吸菸者產生懷疑。從一九五〇到九〇年代，這種向消費者灌輸合理懷疑的策略持續了四十年。為了阻擋或減緩禁菸措施，儘管大家已知二手菸的傷害，但菸草業還是在混淆視聽。早在一九八一年就有百紙黑字的證據表明，二手菸與肺癌有關。日本的研究發現，丈夫吸菸和已戒菸的妻子比丈夫不吸菸的妻子更容易患肺癌，而且這種風險與她們丈夫吸菸的數量有顯著正相關。然而，就算人們對二手菸的危害已經達成科學共識，菸草業還是設法讓大眾對這項研究抱持懷疑。

同樣地，審計業認為高道德標準就足以回應人們對美國審計體系結構的擔憂。美國證交會主席李維特等人提出了強力的證據，表示顧問服務會破壞審計獨立性，但大型會計事務所就和導致二〇〇八年金融海嘯的信用評等機構一樣，堅稱他們的操守能夠保護他們不偏頗，在政治人物和社會大眾心中創造了合理的質疑，讓人覺得不需要改變。

最後，煤炭、石油和汽車工業負責混淆視聽，讓人懷疑氣候變遷是不是假議題，這問題真的是人類搞出來的嗎？即使沒拿錢的科學家之間有清晰的共識，但石油和煤炭產業花了大量的時間和金錢和社會大眾溝通，讓大家知道有些專家很懷疑氣候變遷的存在，以及就算這個問題存在，那到底是不是人類要負的責任。

這三組人都很清楚混淆會產生不確定性。他們小心翼翼地播下懷疑的種子，政客們因此難以採取行動，公民也無法動員起來支持改革。畢竟，如果不是真的需要改變，誰願意支付這些成本呢？

尋找確切的證據

你認為下列哪項建議比較能建立獨立的審計制度？

一、為了落實審計獨立，禁止審計人員與客戶建立持久的長期合作夥伴關係，禁止審計人員向他們的客戶提供非審計服務，禁止審計人員在客戶的公司任職。

二、先透過各種獎勵措施，鼓勵審計人員取悅他們的客戶。接下來，嘗試找出一套複雜的立法和專業激勵措施，以抵制腐敗的行為，別再繼續討好客戶。

我們覺得答案很明顯。顯然，從一個真正獨立的系統開始，比修復一個已經損壞的系統更有意義。然而，審計行業在美國證券交易委員會的公開聽證會上辯稱，沒有明確證據表明審計人員的利益衝突會產生問題，而且沒有確鑿的證據，就沒有理由做出改變。

我們是否成功說服你，讓你覺得審計人員不該連續多年為同一個客戶查帳，且不應該提供查帳以外的服務，也不應該到他們稽查的客戶公司去任職？很遺憾，麥斯和他的同事羅溫斯坦在二〇〇〇年出席聽證會的時候並沒有說服證交會。委員想知道我們能不能找出「明確的證據」來證實，有個特定的審計人員因為會計事務所提供了客戶查帳以外的服務而立場偏誤。證交會的委員想找出一封電子郵件或備忘錄，以提供清楚的證據，證明這些審計人員知道並故意腐敗。而我們提不出這樣的證據。此外，三大會計事務所的執行長都在證詞中指出，沒有證據能顯示出有任何一位審計人員因為事務所同時提供了查帳與顧問的服務而審計不實。儘管這種證據有時仍有可能出現（就像二〇〇〇年末，在安達信和廢棄物管理公司的案件裡出現了證據），但是要證明特定審計人員因為提供了查帳以外的服務而詐欺，就像要論證某個吸菸者罹患肺癌究竟是因為香菸，還是生活中有其他致癌物一樣困難，也像要確認某一次熱浪究竟是不是氣候變遷造成的也一樣困難。所有狀況都有很多成因混雜在一起。

要達成結論來推動大規模變革不需要確鑿的證據，因為審計就是應該要獨立、吸菸的規範就是需要調整、氣候變遷就是需要有效的回應。如果我們花時間等明確的證據出現，通常會等太久，結果無法善盡責任，為社會制定更好的政策。若引導主要決策者行為的機構已經敗壞了，我們應該在災難發生之前就採取行動。

改變事實的觀點

反對改革的勢力通常會針對「事實」，提出他們自己的扭曲觀點。當他們的立場站不住腳，無法維持現狀時，這些團體就會改變立場，否認他們的主張，在壓倒性的證據面前改弦易轍。幾十年來，菸草行業一直堅持吸菸無害的觀點，甚至提出可能為吸菸者帶來積極的健康益處，如控制體重、改善消化和放鬆。隨著科學證實了肺癌和吸菸之間的關連，菸草行業不情願地承認香菸可能是肺癌的眾多原因之一，但是，他們仍堅持現狀表示香菸致癌的因果關係還不清楚。一九九四年，七間菸草公司的執行長在國會作證說，吸菸會致癌。過不久，七人都被撤換了。菸草帝國最後終於承認吸菸會導致肺癌，他們忽然變臉讓所有人很吃驚。菸草帝國說，吸菸而罹患肺癌的人應該無法告菸草產業造成的傷害，因為這是公共知識，大家都知道菸草有害——這個產業明明在過去數十年中，運用充裕的資金來散播不實資訊，還培養了許多青少年的菸癮。

同樣地，美國審計業也改變了立場，原本說審計業的聲譽卓著，絕對不會受利益衝突影響，後來改口說如果問題一直存在，那麼揭露資訊或許是個有效的應對措施。結果當揭露訊息也沒用，似乎得靠法規改革的時候，審計人員又改變了觀點。現在他們把重點放在解決獨立性這個理論問題到底值不值得。當然，這種主張忽略了最基本的觀點，那就是如果審計人員不獨立，那就根本沒有存在的理由。

在石油、燃煤和汽車工業經過多年來混淆視聽後，跟氣候變遷有關的議題這幾年換了風向：原本堅稱根本沒有人類造成全球暖化這回事，現在說有全球暖化，但那不是人類造成的，不值得投入高額成本來解決這個問題。

有些政策很睿智，但是反對這些政策的人，只要堅持最保守的觀點，並在必要時改變立場，就能成功拖延改革，從中獲利。

我們能怎麼做？

心理學家傾向於研究個人，而政治科學家通常研究政治制度。我們在前幾章利用行為倫理學的理論和研究，探討哪些偏見會在個人層面創造有限道德感。找出這些偏見是減少有限道德感的第一步。我們在這一章裡強調個人和政治這兩種力量之間的相互交織，並強調如果我們能消除盲點，就能看出這兩股力量相互作用的結果不能被社會接受。我們會在下一章更廣泛地思考行為倫理學的觀點，如何幫助我們實現一個更道德的社會。

第八章

縮小差距：提升道德行為的方式

各位讀者有所不知，其實本書的兩位作者安與麥斯在許多倫理議題上沒有共識。事實上，我們對於許多牽涉了道德後果的政策都意見分歧。我們沒有共同的哲學觀點，宗教觀點也不盡相同：一個是會去教堂的天主教徒，另一個是沒有特定宗教觀的猶太人。因此，關於哪些案例要寫進書裡、哪些必須割捨，我們必須好好協商。

我們之間的差異或許能解釋為什麼我們不試圖把自己的任何一種道德標準強加給你。同時，我們也很清楚知道自身的觀點和價值可能也會影響到書中所舉的案例。我們無意鼓勵你按照我們或任何人的道德價值觀行事。事實上，我們的目標是要幫助你、其他人和各種組織經過深思熟慮、合理的反省之後，做出符合道德的決策。

我們已經從行為倫理學中，提供了滿滿七章的證據，證明人們若經過深刻反思，就會知道自己的行為並不如想像中那樣合乎道德。本章會把注意力放在如何改變：也就是說，你要如何運用前幾章所得到的知識，讓你的決策更符合你的價值觀，以及你要如何協助你的組織和社會達成同樣的目標。

改變自己

「唯上智與下愚不移。」

——孔子

既然只有最聰明和最愚笨的人不會改變，社會上最聰明和最愚蠢的人數很少，那麼按照孔子的標準，幾乎所有人都可以改變。不過，改變很困難，改變自己的道德行為更是難上加難。就像我們所寫的，人認為改變道德行為很困難是因為我們沒有察覺到自己的行動會產生負面的道德後果。

所以，要改善道德行為，個人應該怎麼做呢？答案就在於調整「想要怎麼做」和「應該怎麼做」的差距。如第四章所論，我們以為自己知道應該怎麼做，可是到了決策的瞬間，我們會做想做的事。更糟糕的是，當我們回顧當初的決定時，會覺得那是我們應該做的事。

我們大多數人都明白，要做出有效的決定，就需要在決策前進行充分的考慮，並且在決策後進行準確的反思。然而，因為我們無法準確預測自己的行為，便很難做出計畫中的道德決定。此外，由於我們扭曲了對決策的回憶，以維護自我感覺良好，所以我們的反思也不準確。正如麥斯和他的同事貝納基教授所主張：要做出道德決定，你需要理解自己很容易在不知不覺中受到偏見影響。如果你沒理解這一點，就不會意識到自己的盲點。

消除盲點的第一步就是先確保你能合理地規畫自己的行為，並且務實地反省。如我們在第四章所述，第一系統指快速、自動、不費力、情緒化且祕而不宣的決策過程。第二系統指的是較緩慢、有意識、費力、明確、邏輯和更理性的決策過程。第一直覺系統的反應可能比第二反省系統來得不道德。這表示，當我們學會三思而後行，用更深思熟慮的分析方式來規畫所要採取的行動，就能朝心目中的理想形象前進。這表示我們要做好準備，知道自己在面對道德困境的前、中、後期都有一股內隱的心理力量。

準備做決定時：預測那個「代表欲望的自我」

代表欲望的自我——那個根據自身利益行事、通常不考慮道德原則的自己——在決策前的規畫階段往往保持沉默，但會在決策當下出現並主導局勢。你自我設想的時間其實很多，只是沒發現，而且這些念頭可能會壓制心裡所有「道德的」想法。如果你發覺自己在想著：「我絕對不會那樣做」和「我當然會選擇正確的道路」，你費心所做的計畫可能會失敗，而你完全沒準備好面對決策當下自利心態的影響。

有個方法能有效地協助你做足準備，面對「代表欲望的自我」，那就是想想那些自己在決策時可能會影響你的動機，如安和她的同事在第四章提到的性騷擾研究中已經證實了，參與者要先預測如果他們在面試時，碰到性騷擾會如何回應。參與者經過引導，會想想他們決策當下感受到的動機——就是想要取得工作，這樣一來他們就會知道自己不太可能和對方正面交鋒，比較有可能預測出自己不點破對方的行為（就像真實的情境一樣）。沒有經過引導的人就會覺得應該直接嗆對方。就像這份研究所顯示的，想想決策當下的動機就可以在規畫階段就幫你把「代表欲望的自己」從藏身處揪出來，讓你做出更準確的預測。

為了幫助我們的談判學生預測「代表欲望的自己」會如何影響有道德面向的決定，我們請他們先準備一個自己不希望被問到的問題。例如，在準備面試工作的時候，我們鼓勵學生先想想，要是對方問到了其他的工作機會，他們要怎麼回答。否則如果潛在雇主問：「其他公司開給你多少酬勞？」那麼代表欲望的自己可能會答「九萬美金」，但其實真正的答案是七萬美金。如果求職者對這類問題有所準備，那麼在實際面對事實時，「代表理想的自我」就會更有自信，用一種符合自身道德原則又充滿策略的方式回覆：「我恐怕不願透露這些資訊。」

同樣地，如果你接下來有活動，像是在職場發表簡報或參加考試，先彩排或練習可以幫你注意未來會碰到的細節，否則要是沒彩排，你可能會忽略這些細節。詹玫玲（Mary Gentile）在她的著作《正義，不沉默：如何為對的事情站出來，既不違背良心也不怕砸掉飯碗》中提出了一個架構，練習在道德處境中做出正確的回應，協助經理人做足準備，面對困難的道德決策。當你能把自己投射到一個未來的情境中，就好像你真的置身其中，就能更準確地預測哪些動機最有影響力，然後預先調適心態。

在規畫階段提升準確度的重點，不在於認知自己會被自利心態所影響，並承認「代表欲望的自我」會勝出，而是要讓你取得正確資訊，更清楚自己會有什麼反應，這樣就可以採取積極的策略來降低那種可能性。當你知道「代表欲望的自我」會在決策當下施加不適當的壓力，讓你只為了自己著想，就可以採取自我控制的策略來抑制這種影響。

有一種策略是提早約束自己，讓你能徹底落實你要的行動。例如，菲律賓的農民把錢鎖在一個他們打不開的「保險箱」裡，就算扣掉了買保險箱的開銷，他們還是因此存下了不少錢。這個保險箱讓菲律賓農民沒辦法花錢，有效地限制了「代表欲望的自我」。安的助教也用了類似的方式，在期末考之前限制「代表欲望的自我」。她知道自己應該認真念書，不能浪費時間掛在社群網站上，所以讓室友修改了密碼，這樣她就沒辦法登入社群網站了。這樣一來，她限制了「代表欲望的自我」，讓「代表理想的自我」可以大顯身手。這種約束的方式可以解釋為什麼私人教練在健身俱樂部很受歡迎。預約了教練的時間（可能一小時要美金一百元）之後，取消課程也拿不回全額，學員就能堅守「代表理想的自我」，確保自己會去健身，不會被「代表欲望的自我」吸引去看電視。

面臨道德困境時，我們可以採取類似的策略來防堵「代表欲望的自我」主導決策過程，避免自己無法理性決策。承諾升級是個很普遍的現象，是指我們不願意放棄過去所選的做法，而承諾升級的研究顯示出那些先公開承諾的人比較願意堅持自己做的決定，沒有做出承諾的人比較不會堅持到底。你也可以為自己想要的道德選擇做出承諾，你可以和一個公正不偏的人分享你的選擇，這個人的想法或許你都很尊重，你也認為這個人道德感很高。這樣一來，你的承諾就會升級，你就比較有可能會履行承諾、堅持到底。

做決定：讓「代表理想的自己」發聲

除了要做好準備，以防「代表欲望的自己」在決策時刻發威，我們還有更多方法可以給「代表理想的自己」力量。例如，我們在預測自己會做出什麼行為的時候，思緒很抽象，讓這種抽象的思緒見光也很有用。決策時把注意力集中在較高的格局上或許很有效。例如，研究人員請參與者面對好吃的椒鹽卷餅時，想像自己在看椒鹽卷餅的圖片，而不是真正的餅，這樣一來，參與者的注意力就會從具體的誘惑——椒鹽卷餅到底嚐起來多美味——轉移到抽象的思緒。同樣地，在知名的「棉花糖實驗」中，孩子獨處在房間裡，盤子上有棉花糖。大人對小孩說：（一）如果在大人回來之前吃掉棉花糖，那就只能吃那一個；（二）如果等大人回來再吃，那就可以因為有耐心而獲得獎勵，多吃一個。「拒絕誘惑的人」能成功，主要取決於孩子的思維格局。若引導小孩去想著棉花糖有多麼誘人，他們很快就會屈服於誘惑，把棉花糖吃了。若引導小孩去把棉花糖想成抽象的圖案（像是一朵蓬鬆的雲），他們就比較能抵制誘惑，等待獎勵。

同樣地，當我們面臨道德困境時，我們可以把注意力集中在引導決策的抽象原則上，讓「代表理想的自己」大聲說話。我們不要想著不道德的選擇會產生什麼立即的後果，而是去想想你相信的價值和原則該如何引導決策，這樣就能給「代表理想的自己」一次奮鬥的機會。要鼓勵抽象思考，有個策略很有用，那就是想像你死後別人會如何描述你和你的行為。別人會怎麼描述你此生奉行的原則？你希望他們說什麼？還是見樹不見林嗎？如果是這樣，不妨試試看「媽媽牌石蕊試紙」。當你面對一個誘人、但可能是不道德的選擇時，問問你自己，是否願意把這個決定告訴你媽媽（或你爸爸，或其他你發自內心尊重的人）。你能輕鬆地走到你媽身邊說：「你知道嗎？為了得到那份工作，我騙他說還有其他公司要雇用我。」想像一下你媽媽在這段對話裡的反應，可能就會讓抽象原則進入你的腦中，像是「我媽會有什麼反應？」，然後給「代表理想的自己」更多發言權。

另外還有一個策略能有效率地讓我們把注意力集中在「代表理想的自我」，那就是把決策從原本單一選項的思考——「我應不應該做出不道德的事？」改成評估眾多不同的選項。麥斯、安和他們的同事根據研究認為，如果決策者有機會在同一時間評估眾多選項，那麼「代表理想的自我」就能占上風。舉例來說，如果同時面對了兩個選擇，一個是提升室內空氣品質（代表理想的自我），另一個是購買印表機和碳粉（代表欲望的自我），那麼多數人會想要擴大公共利益（提升室內空氣品質）；但是如果讓參與者單獨評估選項，他們都會選印表機。同樣地，如果有兩位候選人，其中一位操守較好，另一位可以提供更多就業機會。兩位同時進行評選的時候，選民會把票投給操守好的那位候選人，可是若單獨評估的時候，能提供就業機會的人就會比較受歡迎。這一證據表明，在評估道德或做出道德判斷時，聯合決策的價值，與過去關於決策的相關文獻所提出的建議一致，也就是說，決策時要考慮所有可用的選擇。

將道德困境重新建構為兩種選擇之間的選擇——道德選擇和不道德的選擇——應該可以幫助你把「代表理想的自己」放在最重要的位置，就可以強調當你選擇了不道德的行為，就放棄了道德行為。有人可能會說，我們提出的建議——抽象思考、「媽媽試紙」、比較眾多選擇——都需要先意識到這個決策的道德成分。當然，能意識到決策的道德成分，那根本不需要這些建議！要做出道德決策，我們就必須將這些建議應用到所有重要的決策中。

評估你的不道德選擇——而且要準確

想成為一個有道德的人，這願望很崇高，但諷刺的是，這個心願會讓你無法準確地評估你的不道德行為，讓你未來無法做出更合乎道德的行為。如第四章所論，因為我們希望看到自己是合乎道德的（也希望別人這樣看我們），所以我們對自己行為的回憶就會產生偏誤——也就是說，我們會把不道德的行為重新解釋為合乎道德。很遺憾，我們自己沒辦法消除這種偏見。

因為這很難，所以人們會需要訓練，才會知道自己有哪些扭曲的想法，加以修正。這種訓練應該強調導致行為不道德和記憶不準確的心理機制，而不是關注大家應該如何表現。另外，這些訓練需要結合一些技巧來幫助大家正確回憶自己的行為。訓練大家找出阻礙自己準確評估行動的偏見，並檢視自己最初的回憶為什麼會出錯，就能夠消除這些偏見的效果。

決策反饋是另一個能有效幫助你準確評估行動的方法。反饋要即時，而且應該要針對價值觀可能扭曲的部分提出警告，並描述這些偏見會如何影響你的回憶。或許可以找個值得信任的朋友或同事，擔任「魔鬼代言人」，然後定期對他們說說你的決策，這樣可以讓你更準確地回顧過去。或許因為團體決策有內建的反饋機制，所以能讓大家為自己的決策負責，也可以有效消除偏見。

改變組織

當我們發現油箱不安全的時候，有人去告訴艾科卡嗎？「絕對沒有，」一位福特平托專案的工程師已經在這間公司高層許多年了，他和福特裡的其他員工不同，他始終暗中關注安全議題。「去講的人一定會被解雇，那陣子安全不是福特的熱門話題，對艾科卡來說，這是禁忌。只要有人提出問題，那表示平托不能準時上市，艾科卡會咬著雪茄、看著窗外說：「把產品目標看熟，回去工作」……艾科卡很喜歡說：「安全沒賣點。」」

——道格拉斯．畢爾許（Douglas Birsch）與約翰．費爾德（John H. Fielder），《福特平托案》（*The Ford Pinto Case*）

如這段引文所示，要想縮小組織中的道德差距，就必須徹底審查高層領袖的決策和行為。組織若沒有一個相信道德決策的領袖，就不會做出道德行為。但就算有個有道德的領袖，那也還不夠。根據行為倫理學的研究結果，那些隱性的、不明顯的不道德行為也需要處理，包括組織裡的非正式價值觀與道德「污水坑」，像是決策時的不確定性、員工承受的壓力，還有決策者置身事外。

找出隱藏起來卻影響深遠的非正式價值觀

一個組織可能擁護道德價值觀，需要道德培訓，甚至設置了道德「熱線」，但這些象徵性的舉動可能對道德行為的影響相對較小。正如我們在第六章所述，職場裡的非正式價值觀對員工的行為影響更深遠。如果他們想在組織中看到真正的道德進步，管理者就必須了解這些非正式的價值觀，所以需要理解激勵員工的決策流程。員工們感受到什麼壓力，為什麼？他們碰到了什麼樣的道德挑戰？組織實際上在鼓勵哪些類型的決策？能上位的人具備了什麼特質？

要深入這些問題的核心，就要找出真正「在帶領這間公司的人」——這人未必是執行長。安達信晚期，其實掌握實權的是顧問。福特在平托年代裡，掌握實權的是銷售人員，有位工程師說：「這間公司裡，掌權的是銷售人員，不是工程師；所以最重要的是款式，不是安全性。」明白了權力關係，就能更清楚這個組織真正的價值觀。如果開發顧問業務是會計事務所第二重要的目標，那麼為了達成目的，會忽略哪些考量？如果業務人員掌管了汽車製造商，那誰會被靜音？

雖然每個組織裡，誰掌權不一定，但可能所有組織都有個通病。在大學裡，大家都曉得哪個學院可以「上達天聽」。在企業裡，員工通常都知道要去哪個部門「才會被看見或被聽見」——所以要出人頭地，那個部門就是跳板。另一方面，大家也都知道「冷宮」是哪個部門——從這裡就可以看出一間公司最在乎什麼。

留意「組織的對話」也能更加理解職場裡的非正式價值觀。注意大家在聊什麼，或不聊什麼，就可以知道員工認為哪些行為會被獎勵、哪些行為不會被獎勵。員工間會不斷重複哪些口號、流傳哪些故事？這些故事強調了什麼價值？假設公司內部的口號是「安全不是賣點」，那就會傳遞一個超級強力的訊息，讓大家知道對這個組織來說什麼重要、什麼不重要。這樣一來，員工的決策過程中就少了一些條件——在這個案例裡，他們就不會考慮到顧客安全。在這種情況下，道德褪色了，大家不會去思考自己的決定對於別人的平安會造成什麼影響。

故事能有效地提醒員工這個組織的非正式價值觀。公司裡流傳的故事是，有人在道德問題上勇敢反抗領導階層？還是有人提出了道德問題，結果被嗤之以鼻？例如，有沒有工程師在平托汽車的議題上挑戰了艾科卡？這兩種故事都會有效地宣揚組織內真正的價值，導致員工對於他們該有的行為和決策標準有不同的信念。

我們有個知名的客戶名列財星五十大企業，他們製作了一段影片，由四位員工來講述他們如何踰越分寸、踩到老闆頭上去阻止公司不道德的行為。每個人講述自己的故事時都很生動，並強調他們這麼做只是為了對得起道德。這影片在組織內部四處播放，在影片最後我們知道這四個沒分寸的人現在都是高層。沒錯，這間公司透過正式決策，製作了影片，但這影片散發了持久而強效的影響力，因為這些故事在非正式管道裡不斷流傳。

注意組織裡大家避而不談的事情也很有價值，可以了解這個組織的非正式價值觀。芭芭拉．托夫勒（Barbara Toffler）曾在安達信任職，她說：「照理來說，我們還是應該要守護大眾的信任，可是從來沒有人會提到這一點。每個人開口閉口就是在講要怎麼賺錢。」同樣地，畢爾許與費爾德在《福特平托案》書中，轉述了一位匿名的福特工程師在提到油箱安全時，用一則小故事就能強而有力的說服大家，「有人氣」主題和企業價值間關係的重要性：

> 盧．圖本（Lou Tubben）是福特公司人緣最好的工程師之一。他很友善、外向，也真的關心安全問題。一九七一年，他對油箱的完整性非常關注，所以他問主管他能不能準備一份報告，設計出更安全的油箱。圖本和他的主管都參與了平托的研發作業，兩人都很擔心平托的安全性。主管批准了他的計畫、安排了發表的日期，並邀請了公司所有工程師和關鍵的生產計畫人員。開會的時間到了，總共來了兩個人——圖本和他的主管。

這位轉述的匿名工程師很諷刺地說：「這樣就看得出來，福特裡面只有我們少少幾個人擔心車子起火。」他繼續說：「多數都是工程師，我們會看很多事故報告，看到很多人被燒傷的照片。但我們不太談起這件事，這話題不受歡迎。」

就像這個故事說的，企業裡的「道德對話」——或沒人展開道德對話——都能讓我們更加了解這個組織。大家如何描述不道德的行為？更重要的是，他們如何掩蓋不道德的行為？舉例來說，如果有人對主管或客戶撒謊被抓到了，他們是用「撒謊」這個字，還是「呈現不實資訊」這個方式來描述？偷竊是否被描述為「不當挪用資源」？貼標籤的重要性也可以從這個研究中看出來，如果容器上寫著「氰化物」，那參與者都很反感。就算是參與者自己在乾淨的容器上寫下「內有氰化物」，他們也很難克服這種反應。不道德的行為如果經過文字美化後，也有同樣的效果。如果不道德的行為沒有被貼上標籤，那根本不可能有人會插手改變，更遑論可以成功改變它了。

每個組織都有不同的非正式價值，所以每個組織需要的「道德解法」都不同。正如前文所討論過的，行為準則和道德培訓這樣的正式制度不會驅動非正式的價值觀；反而是若我們希望能讓正式系統有效，則需要非正式價值觀的推動。一個組織不能乾脆「借用」其他組織的正式倫理計畫，很多組織都這樣；政府也不能認為強制推動某些方案就能成功。要識別組織的非正式價值觀很難，可能會揭發一些不愉快的事實，但是如果組織真心想要有意義的改變，就必須完成這項艱困的作業。

找出組織裡的道德「污水坑」

要確認組織的非正式價值是否符合組織想要的道德價值很難，如果要簡化，可以先確認這個組織有沒有不確定性、時間壓力、短視近利、置身事外等跡象，通常有這些跡象的組織，比較容易產生非正式價值不符正式價值的差距。

麥斯、安和同事梅西克發現不確定性是道德褪色的催化劑，也就是說，環境中不確定性愈高，就愈有可能發生不道德的行為。此外，安在她的研究中發現，如果拿到資源的人不確定實際可用的資源有多少，那麼在分配資源時就比較會撒謊。在高度不確定的環境裡，人們可能會淡化決策的道德後果，這樣一來，就比較能把眼前的決策當成是個商業選擇，而不是道德選擇。不確定性也會導致「代表欲望的自我」和「代表理想的自我」分歧。當我們開始相信這個結果不會有道德後果，「代表欲望的自我」就會著眼於欲望，讓人更有可能選擇不道德的行為。在福特平托車的案例裡，因為福特認為油箱在撞擊後可能不會起火燃燒，所以淡化了其他可能的結果——起火燃燒和生命損失的可能，於是就認為這是個商業決策，而非道德決策。

組織內的時間壓力也會導致不道德行為。愈是匆忙的人，腦子裡愈多思緒，他們就愈依賴第一系統的思維方式。尤其是經理人的生活步調非常狂亂，高階主管特別依賴第一系統。值得注意的是，時間壓力是福特平托生產線的特點。平托的生產線被稱為「現代汽車歷史上最短的生產計畫周期」，生產計畫被設定在二十五個月以下，而一般汽車平均要四十三個月，所以這是個野心勃勃的計畫。時間壓力會減少決策者的認知資源，降低他們讓「代表理想的自我」做選擇的機會。有一份研究調查了消費者的選擇，如果消費者要記住一串七位數密碼，他們就比較有可能會選巧克力蛋糕（也就是「代表欲望」的選擇），而不是選水果沙拉。如果消費者只要記得兩位數，那他們就比較有可能會選水果（「代表理想」的選擇）。在沒有干擾和時間壓力的環境中，我們可以在分析道德困境之後，讓自己更有可能做出「代表理想」的選擇。

置身事外也會導致非正式價值觀和組織期望的價值觀不一致的現象。置身事外的個人和團體會自立不同的規範。例如通用電氣在一九九〇年至一九九四年間，因為員工不道德的行為付了很多罰金，從刑事罰款兩萬美元到民事罰款兩千四百六十萬美元不等，這些行為包括詐欺、洗錢、作假帳、定價有誤、誤算成本、替換商品、採購詐欺、郵件詐欺、密謀轉換機密文件等等。通用電氣在一九九二年承認欺騙美國國防部，並同意支付六千九百萬美元的罰款，就是為了替之前的業務人員負責。那個員工和以色列空軍將領合作，把美國國防部的資金轉移到他們的個人帳戶，用於未經美國授權的以色列軍事項目上。因為種種事件（長達六個月無法承攬政府合約），通用電氣很努力在避免置身事外的團體策畫不道德或詐欺型的陰謀。

組織一旦發現了「道德污水坑」就必須要在那些區域推廣道德價值觀，把價值觀傳遞給關鍵人物，尤其是能接觸、控制資訊和員工的人，例如行政助理通常是組織裡最有權勢的人之一。若要改革組織的非正式文化，向他們傳遞組織想要的價值觀，並找到方法讓這些價值觀能「生根」，就能有最大的收穫。

改變社會

行為倫理學是個很新的領域，我們在書中引用這個理論，列出了好人也會做壞事的心理因素。目前我們已經提出了提高人類判斷力與改善組織的方法，目標就是要提高整體社會的道德水準。不過，若要創造出更道德的社會，就需要社會層級的結構變革。如前一章所述，特殊利益集團經常戰略性地利用有限道德感來對付我們。那些反對正確變革的團體會扭曲資訊，選民不應該讓他們扭曲資訊，而是應該讓自己了解關鍵問題背後的實際情況，並支持那些夠睿智、勇敢，願意提倡道德政策的政治人物。此外，我們應該支持競選財政改革立法（以及願意支持這類措施的政治人物），遏制特殊利益集團的不良影響。為競選活動提供公共資金的建議值得我們認真考慮，支持公共資金的政治家也值得我們支持。

我們還可以利用本書中的觀點來幫助善意的政客發想和實踐，推動我們朝更有道德和更有效率的社會前進。在這脈絡下，心理學家和行為經濟學家近期已經開始發展新的策略，來彌補人類判斷的不完美。我們先理解人類會採取不理性的行為，這些理論學家於是把人類的決策偏誤考量進去，再架構出選項。理查·塞勒和凱斯·桑思坦在他們的著作《推出你的影響力：每個人都可以影響別人、改善決策，做人生的選擇設計師》中，敦促各個層次的學者和組織決策者開發巧妙的方式來設計選擇環境，避免決策過程中的系統性陷阱。整個社會都可以運用這種策略，來促成更合乎道德、更睿智的決策。在此，我們認為本書心理學的概念也可以用來領導公民做出更道德的決策。

改變預設值

我們在第一章，利用艾瑞克．強森（Eric J. Johnson）和丹尼爾．戈迪溫（Daniel Goldstein）的跨歐洲器官捐贈研究，讓大家看到政策預設文字對人們的決策影響至深。明確說來，若一個國家的器官捐贈政策是預設不捐，也就是國民若沒有事先同意，就不能摘取他們的器官，那麼和預設捐出的國家相比，每年會犧牲數千條生命。大家還記得，在預設不捐的國家中，器官捐贈同意率只有四．三%至二七．五%。而預設捐出的國家，器官捐贈同意率則在八五．九%至九九．九%以上。美國因為預設不捐，所以器官捐贈率很低。有些人明明可以挽回一條命，卻因為沒有器官可用而往生了。若沒有認知到預設值的力量，就會產生多數人認為不道德的結果。理解政策預設文字的影響力之後，就能大幅提高器官捐贈的同意率，公民還是能夠自由選擇，不受改變。事實上，塞勒和桑斯坦已經提供了大量的研究，證明只要改變預設值，大家就會做出更睿智的行為。

預設值不但很重要，更重要的是其重要性超過了多數人的期待。空調、冰箱、電腦螢幕等家電的預設狀態都可以經過法律規定，設定在低耗電量，同時讓用戶擁有改變的自由。印表機也可以預設為成本較低廉、比較不耗墨水的模式。訂立這些規範也不會限縮任何人的選擇，就能讓大家集體做出更好、更合乎道德的決策，在許多情況下都能讓消費者更省錢。

建構資訊來呈現價值取捨

若要推廣道德行為，政府和公民如何溝通也會帶來改變。大多數人都會同意，對我們來說，減少燃料消耗會比較符合道德。不過，我們都覺得燃油效率高，卻不希望燃料稅和汽油價格調漲。更糟糕的是，燃油效率很難衡量和理解。一九七〇年代，美國環境保護署展開了一項計畫，要求車廠在新車貼上能源效率標示，讓潛在買家知道油耗率，每加崙可以跑幾英里。這系統似乎很合理，而且遠勝過完全不提供買家任何訊息。

很遺憾的是，這個訊息傳達的方式並不理想。兩位研究人員里克．賴瑞克（Rick Larrick）和傑克．索爾（Jack Soll）指出，每加崙可以跑幾英里來衡量油耗率會導致消費者系統性地誤解現有的資訊。賴瑞克和索爾說「油耗錯覺」很常見，大家會以為耗油量和里程數的關係是線性的，但其實不是。也就是說，多數人會誤以為把一輛每加崙可跑十英里的車換成每加崙可跑十五英里的車，這種效果和把一輛每加崙可跑二十英里的車換成每加崙可跑二十五英里的車一樣，可以節省等量的燃料。事實上，經過計算，第一種換車法比較省油。如果你有兩輛車，每年兩輛都開一萬英里，第一輛油耗效率是每加崙可跑十英里，第二量是每加崙可跑二十英里。當你把第一輛換成每加崙可跑十五英里的車，油耗量從一千加崙降低到六百六十七加崙，節省了三百三十三加崙。但是當你把第二輛換成每加崙可跑二十五英里的車，油耗量從五百加崙降低到四百加崙，只節省了一百加崙。顯然，就算開車族不願意把耗油的車換成輕巧的油電混合車，淘汰油耗量最低的車也應該是整個社會的重要目標。

賴瑞克和索爾建議，如果我們要求新車上呈現一英里要消耗幾加崙，用這種方式來傳遞資訊，整個社會就會更好。雖然這好像只是文字上的差別，但一英里要消耗幾加崙會讓消費者更重視燃油效率的資訊。為什麼？因為用「一英里要消耗幾加崙」才能線性計算油耗量，不會產生油耗錯覺。歐洲、加拿大和澳洲都是用這種方式來標示，可是美國、日本、印度和其他國家都還沒有矯正油耗錯覺。

這個耗油量的故事本身就很有趣，同時也讓我們看到資訊的清晰度和顯著性會影響大家使用手邊資訊的方式。為了讓人們以更道德的方式來使用燃料，我們必須改變呈現數據的格式。

更在乎未來要付出的代價

我們在第三章提過，當低估未來要付出的代價時，我們就會做出債留子孫的決定。很多政策為了避免目前不道德的決定傷害後代，就會要求人們現在做點犧牲，換取未來更大的利益（或避免未來更大的傷害）。這些提案通常都不會通過，因為人們過於重視現在馬上要付出的成本。例如，我們該不該提高燃油稅，減少大家消耗燃料，挽救氣候變遷？多數公民都認為美國應該要避免造成氣候變遷，可是若要立法就會面對強力反彈；很少有選民支持汽油價格每加侖調漲五毛以上，這是「代表欲望的自己」和「代表理想的自己」之間很典型的衝突，我們過分重視自己很厭惡當前的付出（高油價），低估了長期的影響（效率）。

麥斯與羅傑斯的共同研究為決策者提供了一個方法，可以用更好的方式校準公民對成本和收益的權衡：我們稱之為「鎖住未來」。我們發現大家在思考未來的時候，比較願意根據「代表理想的自己」來進行選擇，但若是這個決定馬上要執行，那大家就比較不會聽從「代表理想的自己」。所以晚一點落實，就可以讓比較不吸引人的政策得到多一點支持。晚一點，大家就不會那麼厭惡，也不會直接衡量執行的成本。

我們在研究中找出了人們認為他們應該支持，但實際上並不贊同的五項政策。其中一項政策是限制捕魚業可捕獲的魚類數量，以減少海洋過度捕撈。參與者得知這項政策會提高魚類價格，增加漁業就業機會，保護海洋魚類數量，漁業能永續發展下去。我們對一半的參與者說這政策會盡快生效，而告訴另一半的參與者說這政策將在四年後實施。創造了四年的緩衝期之後，政策接受度大幅提高了。

這種「鎖定未來」的方式很有用，可以協助政策制定者獲得支持。大部分公民都曉得我們需要做更多來解決全球環境問題，但大多數的倡議由於短期內要付出成本而遭到強烈反對。緩衝期可以讓大家傾聽自己的心聲卻仍舊支持該實踐的政策，不會一直聽到自己不想付出的成本。緩衝的另一個好處是，讓大家有時間來做足準備，面對新法帶來的影響。例如，未來若有新的汽油稅，那麼車主這幾年還不必急著賣車，車廠也有時間在工廠調整，創造符合新法的車款。妥善運用「鎖定未來」的好處。政策制定者可以提高支持者的比例。

此外，因為只要細微地調整用字就能「鎖定未來」，所以可以完全不必付出任何代價。很多政策本來就是以後才要落實，卻因為措詞導致大家直接注意到自身利益。我們的研究發現，制定政策的時機對於政策支持度有很大的影響。這次在研究中，我們取得了來自全美的樣本，問他們如果有一項新法案是在兩年後將汽油價格提高五十三美分，但這個法案將在幾個月後付諸表決。所有參與者都會看到這段話：

> 這政策通過後，每加侖汽油的價格將提高五十三美分來減少汽油消耗。這樣一來，就可以減少美國的碳排放，而碳排放是導致全球氣候變遷的主要原因之一。這項政策還將減少美國對外國石油的依賴，尤其是

對中東地區的依賴。每加崙漲五十三美分表示汽油會更貴，各種運輸方式的成本也會增加，尤其是開車族。由於汽油價格上漲會減緩經濟成長，短期內可能還會導致就業機會減少。這項政策將在二〇〇七年初進行投票，並於二〇〇九年生效。

接下來，我們問其中一半的參與者：「你會多強烈地反對或支持這項兩年後生效的政策？」然後問另一半：「你會多強烈地反對或支持國會在短時間內投票表決？」有緩衝期的那些參與者比較願意支持這項政策。事實就是如此。儘管兩組人閱讀了相同的政策，國會也會在一樣的時間表決，未來會在同樣的時間落實。只要把參與者關注的時間點往後延，政策接受度就會增加。

本段所用的案例強調預設、顯著、緩衝都有讓政策通過的潛力。有些人可能會問：真的有必要運用這些策略嗎？事實就是如此。我們不但需要構想出睿智的法案，也需要制定出真正有機會在現實世界中通過和成功實踐的政策。

結語

我們不知道您在個人生活和職業生活中面臨了什麼道德挑戰，也不知道您的道德價值觀是什麼。我們所知道的是，許多人遠遠沒有達到他們自己的標準。運用行為倫理學的濾鏡，我們試圖讓你和你所屬的組織，更清楚地看到自己的行為會產生什麼道德後果，讓你做出更符合價值觀的選擇。在個人層面上，你可以說一套，做同一套。在組織層面，領導者能更加明白自己所做的決定會如何影響同事的道德。在社會層面，創新的工具有助於政府影響其公民的道德行為，讓社會更美好。最後，我們希望已經讓各位清楚看到：我們每個人，利用我們所掌握的工具，可以創造一個更有道德的世界。

謝辭

我們已經為這本書準備了二十年——儘管我們過去二十年來並不曉得自己在為這本書做準備。安進了西北大學凱洛格管理學院博士班，大部分的時間都在進行早期研究，把心理學帶到企業倫理的領域裡。安和梅西克的合作對這本書很重要，大衛和安大約同時間加入，在凱洛格管理學院擔任第一位倫理學傑出教授。他們在研究過程中檢視了道德褪色的現象，理解為什麼有道德感的人也會做出不道德的決策，那就是因為在決策過程中，這個決定的道德後果已經褪色了。麥斯儘管參與了安和大衛的研究項目，不過他基本上還是個觀摩員和書迷。

麥斯於二〇〇〇年進入哈佛大學任教，開始和新同事貝納基和多莉．楚弗（Dolly Chugh）一起研究「有限道德感」，理解為什麼所有人都會在不知不覺中做出不道德的行為。他們合作的研究結果，以及安和大衛的研究結果已反覆出現在書中。

就在這時間點，安隆瓦解了，很多組織和商學院都被逼著要面對社會裡道德敗壞的現象。因此，道德倫理學開始轉變，我們已在書中詳述變化。其中一向核心的變化就是行為倫理學的發展，專注於真實世界裡，大家在道德情境理會有什麼舉措，心理學又如何解釋。過去十年內，大眾對於行為倫理學的興趣大增，我們因此可以在書中也結合關於行為倫理學的觀點。

我們和許多專家學者互動、合作，這也影響了我們的倫理學研究，這些專家學者包括了莫都蓓·亞基諾拉（Modupe Akinola）、貝納基、艾瑞絲·波內特（Iris Bohnet）、亞特·布里夫（Art Brief）、戴利安·凱恩（Daylian Cain）、尤金·卡魯索（Eugene Caruso）、蘇珊·詹—瑟拉芬（Suzanne Chan-Serafin）、楚弗、卡夫曼、約翰·達利（John Darley）、大衛·德克雷默（David de Cremer）、蒂娜·狄克曼（Tina Diekmann）、艾普利、吉諾、喬許·格林（Josh Greene）、珍妮佛·喬丹（Jennifer Jordan）、可林·卡薩（Karim Kassam）、羅德瑞克·克瑞默（Rod Kramer）、瑪麗克·萊利瓦德（Marijke Leliveld）、喬治·陸文斯坦（George Loewenstein）、凱瑟琳·麥金（Kathleen McGinn ）、大衛·梅西克、米爾科曼、西

莉亞·摩爾（Celia Moore）、唐·摩爾、查爾斯·納昆（Charles Naquin）、瑪姬·尼爾（Maggie Neale）、葛瑞格利·諾斯克萊福（Greg Northcraft）、帕哈莉亞、馬丹·派路特拉（Madan Pillutla）、羅傑斯、舒、史密斯—克勞、菲利浦·泰特洛克（Phil Tetlock）、蔡佳蓉、恩芙瑞思、艾瑞克·雲迪克（Erik van Dijk）、偉德—本佐妮，以及其他共同作者和好友，我們一定會因為忘記列出他們的名字而難堪不已。

因為以下很多人的付出，所以大幅提升了書中想法的呈現方式與品質。布里夫、楚弗、狄克曼、吉諾、格林、梅席克、派路特拉、羅傑斯、史密斯—克勞閱讀了初稿之後，提供了許多寶貴的意見，讓這本書更有意義。還有很多人提供了極佳的評論，包括身兼麥斯長期以來的研究助理、共同作家與編輯的凱薩琳·熊克（Katherine Shonk），因為有她，所以每個句子都寫得更好了（如果你喜歡這份著作，請購買凱薩琳最新出版的小說《滿意了嘛？》〔*Happy Now?*〕）她提供了無價的協助。冉揚·阿胡亞（Ranjan Ahuja）修潤文字並檢查錯誤，修正資料。普林斯頓大學出版社的編輯艾瑞克·施瓦茨（Eric Schwartz）、貝絲·克里芬哲（Beth Clevenger）和詹甄妮（Janie Chan）在出版過程中不斷引導我們，提供了寶貴的價值。最後，我們謝謝我們的家人——麥斯的妻子瑪拉、安的丈夫丹堤、她的孩子：丹堤、莉娜和麥可，還有她的父親唐——謝謝各位支持我們完成這本書。

Eurasian Publishing Group 圓神出版事業機構 用心與你對話·視野無限寬廣 先覺出版社 Prophet Press

www.booklife.com.tw reader@mail.eurasian.com.tw

商戰系列 207

盲點：哈佛、華頓商學院課程選讀，爲什麼傳統決策會失敗，而我們可以怎麼做？

作　　者／麥斯·貝澤曼、安·E·坦柏倫塞
譯　　者／葉妍伶
發 行 人／簡志忠
出 版 者／先覺出版股份有限公司
地　　址／臺北市南京東路四段50號6樓之1
電　　話／（02）2579-6600·2579-8800·2570-3939
傳　　真／（02）2579-0338·2577-3220·2570-3636
總 編 輯／陳秋月
資深主編／李宛蓁
責任編輯／林亞萱
校　　對／李宛蓁·林亞萱
美術編輯／林韋伶
行銷企畫／陳禹伶·黃惟儂
印務統籌／劉鳳剛·高榮祥
監　　印／高榮祥
排　　版／杜易蓉
經 銷 商／叩應股份有限公司
郵撥帳號／18707239
法律顧問／圓神出版事業機構法律顧問蕭雄淋律師
印　　刷／祥峰印刷廠
2021年3月初版
2022年2月5刷

BLIND SPOTS: Why We Fail to Do What's Right and What to do About It

定價 330 元　ISBN 978-986-134-372-3

專家難免跌跤，新手也能成功。
在談判中，徹底成功不是個合理的目標。
你的目標應該是鍛鍊自己的能力，
讓自己在多數時間裡都能做出更好的決定。
——麥斯．貝澤曼、瑪格里特．妮爾《頂尖名校必修的理性談判課》

國家圖書館出版品預行編目資料

盲點：哈佛、華頓商學院課程選讀，為什麼傳統決策會失敗，而我們可以怎麼做？／麥斯．貝澤曼（Max H. Bazerman）、安．E．坦柏倫塞（Ann E. Tenbrunsel）著；葉妍伶 譯 .-- 初版 .-- 臺北市：先覺，2021.03
272 面；14.8×20.8 公分 --（商戰系列；207）
譯自：Blind spots: why we fail to do what's right and what to do about it
ISBN 978-986-134-372-3（平裝）

1. 倫理學　2. 職業倫理　3. 決策管理

190　　110000105